COLEÇÃO

Big Data

SIMPLIFICANDO BIG DATA EM 7 CAPÍTULOS

Prof. Marcão - Marcus Vinícius Pinto

Aviso de isenção de responsabilidade:

Observe que as informações contidas neste documento são apenas para fins educacionais e de entretenimento. Todos os esforços foram feitos para fornecer informações completas precisas, atualizadas e confiáveis. Nenhuma garantia de qualquer tipo é expressa ou implícita. Nenhuma garantia de qualquer tipo é expressa ou implícita.

Ao ler este texto, o leitor concorda que, em nenhuma circunstância, s autor é responsável por quaisquer perdas, diretas ou indiretas, incorridas como resultado do uso das informações contidas neste livro, incluindo, mas não se limitando, a erros, omissões ou imprecisões.

ISBN: **9798310244214**

Selo editorial: Independently published

Sumário.

1   Prefácio.

Big Data. O que antes parecia um conceito distante e restrito aos gigantes da tecnologia, hoje se tornou parte essencial do cotidiano de empresas, governos e até indivíduos. Mas, com tantas informações e jargões técnicos, por onde começar? Como transformar esse mar de dados em algo compreensível e aplicável?

Foi com essa pergunta em mente que nasceu *Simplificando o Big Data em 7 Capítulos*. Este livro é um guia acessível, prático e completo, projetado para aqueles que desejam entender o Big Data de maneira clara e sem complicações. Seja você um profissional experiente ou alguém que está dando os primeiros passos na área, encontrará aqui as respostas que procura.

1.1   Quem se beneficiará deste livro?

- Gestores e líderes organizacionais: No mundo dos negócios, a tomada de decisão baseada em dados deixou de ser um diferencial e passou a ser uma necessidade. Este livro ajuda líderes a compreenderem os fundamentos do Big Data e aplicá-los estrategicamente em suas operações, desde a gestão de crises até a otimização de processos.

- Analistas de dados e cientistas de dados: Para profissionais da área, o livro fornece insights sobre arquitetura, ferramentas e tendências, além de explorar exemplos práticos que podem ser aplicados no dia a dia, como análises preditivas e governança de dados.

- Empreendedores e profissionais de pequenas empresas: Desmistificamos o uso do Big Data para pequenas operações, mostrando como ele pode ser usado para aumentar a eficiência, melhorar a experiência do cliente e identificar novas oportunidades de mercado.

- Estudantes e entusiastas da tecnologia: Se você está curioso para entender o papel do Big Data na transformação digital e no avanço da inteligência artificial, este livro é o ponto de partida ideal.

1.2   O que você encontrará neste livro?

Com uma abordagem estruturada, dividimos o conteúdo em sete capítulos que conectam teoria e prática:

- Começamos com os conceitos básicos: o que é Big Data, os famosos 5 Vs e como a computação distribuída revolucionou a maneira de lidar com dados.

- Exploramos as etapas fundamentais para o sucesso de projetos em Big Data, acompanhadas de exemplos reais em áreas como saúde, meio ambiente e varejo.

- Desmistificamos mitos comuns e apresentamos tendências para o futuro, ajudando você a se manter à frente no mercado.

- Mergulhamos no Hadoop, um dos pilares do Big Data, explicando sua arquitetura e ecossistema de maneira simples e direta.

- E, claro, abordamos a análise de dados, suas técnicas e aplicações práticas, além da importância da governança de dados.

Cada capítulo é construído para oferecer uma visão completa e integrada, permitindo que você compreenda não apenas o "o quê" e o "como", mas também o "por quê" por trás do Big Data.

1.3   Por que você deveria adquirir este livro?

Este livro é mais do que uma introdução ao Big Data. Ele é uma ferramenta indispensável para aqueles que desejam transformar dados em valor. Ao adquirir Simplificando o Big Data em 7 Capítulos, você terá acesso a uma linguagem clara, conceitos sólidos e exemplos práticos que fazem a ponte entre o técnico e o estratégico.

Mas esta obra é apenas parte de uma jornada maior. Como integrante da Coleção Big Data, ela se conecta a outros volumes que exploram aspectos avançados, como análise preditiva, algoritmos de aprendizado de máquina e estratégias de integração de sistemas. Cada livro da coleção aprofunda um componente essencial, proporcionando uma visão holística e prática sobre o universo do Big Data e da inteligência artificial.

Seja você um gestor, analista ou entusiasta da tecnologia, esta coleção está à sua disposição na Amazon, pronta para elevar seu conhecimento e potencializar seus resultados.

Prepare-se para explorar o poder dos dados. Sua jornada começa agora!

Boa leitura!
Prof. Marcão

Prof. Marcão - Marcus Vinícius Pinto

Mestre em Tecnologia da Informação
Especialista em Tecnologia da Informação.
Consultor, Mentor e Palestrante sobre Inteligência Artificial,
Arquitetura de Informação e Governança de Dados.
Fundador, CEO, professor e
orientador pedagógico da MVP Consult.

2 Big Data. Big o Quê?

O Big Data se tornou "a" tendência tecnológica mais importante da última década e tem o potencial para alterar o mundo da ciência e da tecnologia da informação e impactar as empresas de uma maneira absolutamente inédita, transformando completamente seus modelos de negócios (Gens, 2012).

O Big Data, ao contrário do que pode parecer, não é uma plataforma única (Chen et al., 2012) (Manyika, 2011), mas sim um mix de tecnologias de tratamento e gerenciamento de dados que se desenvolveram ao longo do tempo.

Sabemos que gerenciar e analisar dados sempre trouxeram inúmeros benefícios para as empresas, mas também sabemos que sempre trouxeram grandes desafios e investimentos.

Nos tempos em que o comércio era feito uma lojinha ou de porta em porta era fácil gerenciar as necessidades dos clientes e mantê-los fiéis. Era possível vender o mesmo produto por anos e anos. Os clientes se sentiam prestigiados pelo simples fato de ter um fornecedor atencioso e cordial.

Com o avanço da tecnologia, com a Internet presente em todo canto por mais remoto que seja, os clientes evoluíram e está cada vez mais difícil de fidelizá-los e de mantê-los satisfeitos.

Para sobreviver e ganhar vantagem competitiva, as empresas vêm adicionando, cada vez mais rapidamente, novos produtos e serviços à sua carteira. A consequência disto é a geração de uma variedade enorme de pesquisas, controles, processo e condicionantes.

A grande vantagem, e é grande mesmo, do Big Data é que ele provê às empresas ferramental específico para armazenamento, gerenciamento e manipulação de grandes quantidades de dados no momento certo, com a precisão certa e com a rapidez necessária para que gestores e usuários de todos os mercados e níveis hierárquicos tenham seus processos decisórios maximizados (Helbing, 2014).

Para assimilar o potencial do Big Data é preciso ter em mente que:

Os dados devem ser processados com o objetivo de subsidiar as necessidades de negócio para os quais uma solução de software foi projetada, desenvolvida e implementada.

Os usuários buscam mais e mais novidades e rapidez na satisfação de seus desejos e necessidades, obrigando as empresas a correrem para não ficar para trás. É importante ter ciência das várias questões que precisam ser analisadas antes da implantação e enfrentá-las, pois quem sair na frente dominará o mercado.

Mas nem tudo são flores.

O Big Data não é uma solução *plug and play*. Sua implementação requer uma infraestrutura sofisticada que precisa estar ajustada às necessidades de seus usuários. Sua implementação requer muito planejamento e estudo.

É importante ter em mente várias questões que precisam ser analisadas antes da implantação, tais como:

- Qual a arquitetura de Big Data necessária para os desafios da sua empresa?

- Seu *data center*[1] comporta este tipo de tecnologia?

- A empresa usa DW[2] e está substituindo uma tecnologia por outra?

- Quais são as implicações de segurança dos seus dados no Big Data?

- Sua empresa utiliza computação em nuvem?

- Suas necessidades estratégicas e analíticas podem ser supridas pelo DW?

Os dados, segundo Helbing (2014), estão se tornando, neste contexto, não um novo petróleo capaz de suprir riquezas por si só, mas uma fonte de desafios que precisam ser estruturados e sustentados por processos confiáveis para se tornarem uma fonte de rentabilidade.

A complexidade das bases de dados hoje faz com que as empresas tenham que lidar com bases de dados relacionais, NoSQL, documentos, imagens, mensagens de aplicativos, e-mails, fotos, vídeos e mais uma infinidade de mídias e plataformas para manter seus clientes satisfeitos.

---

[1] O *Data Center* é um ambiente projetado para abrigar servidores e outros componentes de *hardware*, tais como sistemas de armazenamento de dados (storages) e ativos de rede (switches, roteadores). Seu objetivo é garantir a disponibilidade de equipamentos para os sistemas de informação que garantem a continuidade do negócio da empresa.

[2] Data warehouse – DW. O Armazém de Dados é um tipo de sistema de gerenciamento de dados projetado para ativar e fornecer suporte às atividades de business intelligence (BI), especialmente a análise avançada. Os DWs destinam-se exclusivamente a realizar consultas e análises avançadas e geralmente contêm grandes quantidades de dados históricos.

Outros desafios na gestão dos dados estão surgindo a cada dia, tais como dados de mídias sociais, fluxo de cliques, conexões via dispositivos móveis, bases de dados conectadas.

O Big Data permite processar dados de uma maneira impensável até pouco tempo atrás. Ele torna possível analisar padrões de dados para:

- Maximizar os esforços de gerenciamento de cidades.

- Prevenção de fraudes.

- Condução de experimentos.

- Detecção de falhas.

- Gerenciamento de tráfego nos grandes centros urbanos.

- Melhora da satisfação do cliente.

- Melhora da qualidade dos produtos.

E aqui estamos citando apenas alguns exemplos.

Este é momento certo para adquirir o domínio sobre esta tecnologia pois há poucos profissionais com conhecimento especializado e as empresas, em sua maioria, impactadas pela constatação das vantagens, desafios, necessidades de investimento e mudança de cultura estão em busca de profissionais para a formação de suas equipes (Armstrong ,2016).

Ao mesmo tempo em que os profissionais de tecnologia da informação estão descobrindo este novo nicho de trabalho, as empresas estão se vendo diante de um número crescente de dados disponíveis para suas análises de mercado e estão percebendo que as tecnologias que utilizam são insuficientes para os novos desafios da Internet.

As tecnologias e ferramentas emergentes que constituem o centro deste livro podem ajudá-lo a compreender e liberar o tremendo poder do Big Data, que está mudando o mundo como o conhecemos.

Neste livro você vai saber como é a proposta de uso de Big Data para transformar enormes quantidades de dados em informação valiosa e como sua empresa pode usar estes dados da melhor forma. Além disso vou te fornecer dicas e atualizações sobre as mudanças no software, hardware e metodologias de processamento de dados para análise de dados.

Seja, então, bem-vindo a esta tendência tecnológica denominada Big Data.

2.1   Mas o que é Big Data?

Os profissionais de TI estão habituados a lidar com bases de dados com diferentes estruturas, diferentes linguagens de manipulação e diferentes redes de comunicação. Entretanto, cada arquitetura tem sua aplicação e se constitui como solução para uma certa classe de problemas, lidando com determinadas fontes de dados.

No mundo da internet, com diferentes fontes de dados que precisam ser gerenciadas, pesquisadas e analisadas de forma independente para um determinado fim, o problema é escalado a níveis impossíveis, deixando de ser uma solução e se tornando um imenso problema.

Assim, podemos afirmar que estando diante de tantos dados, com tão variadas formas, é impossível se pensar em um gerenciamento "tradicional". Novos desafios pedem novas soluções. O Big Data é "a" nova solução.

É possível se pensar a evolução do gerenciamento de dados como etapas isoladas de avanço tecnológico. Segundo Stonebraker (2012), essas etapas não são necessariamente uma evolução da etapa anterior. Entretanto, sejam inéditas ou derivadas, a maioria dos avanços tecnológicos das etapas são baseados em seus precursores.

Apesar dos avanços dos SGBDs[3] e das abordagens de gerenciamento das arquiteturas de dados serem vistos como as bases evolucionárias do mundo da informação, é necessário que se compreenda esta evolução no contexto software + hardware + dados. Para Hilbert (2013):

"As revoluções tecnológicas aliadas às reduções dos custos, considerando-se cenários de redução de tamanho de dispositivos de armazenamento com grande aumento no volume de dados gravados e de ganhos elevados na velocidade de processamento computacional, tornaram possível o desenvolvimento de novas perspectivas e o surgimento de oportunidades no universo da interseção de plataformas e fontes de dados gerando novos produtos gerenciais."

Ao passo em que todos esses fatores de tecnologia convergem vivenciamos uma completa transformação na maneira como gerenciamos e utilizamos os dados. O Big Data é a tendência mais recente surgida de todos estes fatores.

Ele é definido como qualquer tipo de plataforma de análise de dados que apresente estas cinco características:

- Volumes extremamente grandes.

- Arquitetura tecnológica com capacidade de velocidade de processamento extremamente alta.

- Ampla variedade de tipos de dados processados.

- Dados com potencial de valor para a empresa

- Dados com alta confiabilidade.

---

[3] Sistemas de Gerenciamento de Banco de Dados - SGBD é um software para gestão de bases de dados, que permite criar, modificar e inserir elementos. O termo tem sua origem do inglês Data Base Management System, ou simplesmente DBMS.

2.2   5 Vs do Big Data

Os especialistas em Big Data desenvolveram uma teoria chamada de 5 Vs (Subramaniam, 2020).

- Volume.

    - O conceito de volume no Big Data é evidenciado pelo tráfego na internet composto pelas trocas de e-mails, transações bancárias, interações em redes sociais, registro de chamadas e tráfego de dados em linhas telefônicas.

    - Estima-se que, o volume total de dados que circulam na internet, em 2021, é de 340 Exabytes por ano.

    - Todos os dias são criados 2,9 quintilhões de bytes em forma de dados, atualmente 90% de todos os dados que estão presentes no mundo foram criados nos últimos 3 anos (Manyika (2011)).

    - É importante também compreender que o conceito de volume é uma variável que depende do tempo considerado, ou seja, o que é grande hoje, pode ser nada amanhã. (Lohr, 2012) (Ohlhorst, 2012).

    - Nos anos 90, um Terabyte (1012 bytes) era considerado Big Data.

- Velocidade.

    - Você cruzaria uma rua vendado se a última informação que tivesse fosse uma fotografia tirada do tráfego circulante de 5 minutos atrás? Provavelmente não, pois a fotografia de 5 minutos atrás é irrelevante agora. Você precisa saber das condições atuais para poder cruzar a rua em segurança.

(Forbes, 2012). A mesma lógica se aplica a empresas, pois necessitam de dados atuais sobre seu negócio, ou seja, velocidade.

- Segundo Taurion (2013), a importância da velocidade é tamanha que em algum momento deverá existir uma ferramenta capaz de analisar os dados em tempo real.

- Atualmente, os dados são analisados somente após serem armazenados, mas o tempo gasto para o armazenamento em si já desclassifica esse tipo de análise como uma análise 100% em tempo real.

- Informação é poder (Rogers, 2010), e assim sendo, a velocidade com a qual se obtém essa informação é uma vantagem competitiva das empresas.

- Velocidade pode limitar a operação de muitos negócios, quando utilizamos o cartão de crédito, por exemplo, se não obtivermos uma aprovação da compra em alguns segundos normalmente pensamos em utilizar outro método de pagamento. É a operadora perdendo uma oportunidade de negócios pela falha na velocidade de transmissão e análise dos dados do comprador.

- Podem ser feitas análises diárias e de longos períodos do Big Data. Ambos os casos podem ser úteis para que o responsável por essa área saiba identificar a velocidade com que as análises precisam ser feitas.

• Variedade.

- O volume é apenas o começo dos desafios dessa nova tecnologia, se temos um volume enorme de dados, também temos uma enorme variedade deles.

- Já pensou na quantidade de informações dispersas em redes sociais? Facebook, Twitter entre outros possuem um vasto e distinto campo de informações sendo ofertadas em público a todo segundo.

- Podemos observar a variedade de dados em e-mails, redes sociais, fotografias, áudios, telefones e cartões de crédito. (McAffe et al, 2012). Podemos obter infinitos pontos de vista sobre a mesma informação.

- Empresas que conseguem captar a variedade, seja de fontes ou de critérios, agregam mais valor ao negócio.

- O Big Data escalona a variedade de informações das seguintes formas:

  o Dados estruturados: são armazenados em bancos de dados, sequenciados em tabelas. Exemplo: tabelas ou fichas preenchidas pelos clientes.

  o Dados semiestruturados: acompanham padrões heterogêneos, são mais difíceis de serem identificados pois podem seguir diversos padrões. Por exemplo, se uma imagem for obtida de um smartphone, ela terá alguns atributos estruturados como geotag, ID do dispositivo e carimbo de data / hora. Depois de armazenadas, as imagens também podem receber tags como 'animal de estimação' ou 'cachorro' para fornecer uma estrutura.

  o Dados não estruturados: são uma mistura de dados com fontes diversificadas como imagens, áudios e documentos online. Exemplo: mensagens, fotos, vídeos.

- Dentre essas 3 categorias, estima-se que até 90% de todos os dados no mundo estão na forma de dados não estruturados.

- Veracidade.

    - Um em cada 3 líderes não confiam nos dados que recebem (IBM, 2014).

    - Para colher bons frutos do processo do Big Data é necessário obter dados verídicos, de acordo com a realidade.

    - O conceito de velocidade, já analisado, é vinculado ao conceito de veracidade pela necessidade constante de análise em tempo real. Isso significa que os dados condizem com a realidade naquele momento, pois dados passados não podem ser considerados dados verídicos para o momento posterior.

    - A relevância dos dados coletados é tão importante quanto o volume, pois não adianta ter quantidade sem qualidade.

    - A verificação dos dados coletados para adequação e relevância ao propósito da análise é um ponto chave para se obter dados que agreguem valor ao processo.

    - Nem todos os dados coletados são verdadeiros. É o caso, por exemplo, das fake news4, que podem se espalhar

---

4 Fake News são notícias falsas publicadas por veículos de comunicação como se fossem informações reais. Em evidência desde 2016, a sua popularização se deu por conta das eleições norte-americanas que definiram Donald Trump como o 45º presidente dos Estados Unidos.

rapidamente na Internet.

- Valor.

  - É necessário focar na orientação do negócio, pois o valor da coleta e da análise dos dados é medido pelo benefício que trará para o negócio.

  - Não é viável realizar todo o processo de Big Data se não se tem questionamentos que ajudem o negócio de modo realístico.

  - Da mesma forma é importante estar atento aos custos envolvidos nessa operação, o valor agregado de todo esse trabalho desenvolvido, coleta, armazenamento e análise de todos esses dados têm que compensar os custos financeiros envolvidos (Taurion, 2013).

  - As informações podem ter um valor especial para as campanhas de marketing de uma empresa. A ideia é que o time avalie quais dados são mais ou menos valiosos e aplique-os em suas estratégias de acordo com o seu grau de importância.

Como se pode perceber, o Big Data é indispensável para o sucesso e para as melhorias em diversas áreas da sua empresa. Ele deve ser visto como uma espécie de bússola que todo empreendedor deve usar para conhecer a si mesmo, ao seu público e à sua concorrência.

Big Data é importante porque fornece meios para a empresa armazenar, gerenciar e processar grandes quantidades de dados de acordo com suas necessidades (Glass et al. (2015). Mas perceba que é importante se ter em mente que o Big Data é resultado da evolução do gerenciamento de dados e é imprescindível entender como os últimos

50 anos de amadurecimento da tecnologia determinou o aparecimento desta nova tecnologia.

As empresas já a algum tempo estão experimentando uma infinidade de problemas no seu gerenciamento de dados, pois evoluíram do estágio em que a tecnologia do DW era bastante suficiente.

Na atualidade as empresas lidam com mais dados de mais fontes do que se imaginava possível. Todos esses dados são conhecidos como "o novo petróleo", mas sem as ferramentas adequadas a perfuração deste "petróleo" não produz riquezas.

Nestes novos tempos os desafios da tecnologia de gerenciamento de dados são:

1. Como a empresa trabalha com enormes quantidades de dados de forma a considerá-los como um acervo útil?

2. Como dar significado a esta imensidão de dados se não é possível reconhecer os padrões para torná-los significativos para os processos e para as decisões do negócio da empresa?

2.3   O conceito de Big Data.

Para se ter uma noção da evolução de algo é necessário se identificar diferenças significativas entre os resultados das diversas versões deste algo. Por exemplo, quando se fala da evolução dos automóveis temos fases distintas iniciando com veículos com tração animal, evoluindo para automóveis a vapor, seguindo para motores a combustão simples chegando aos atuais veículos autônomos elétricos. É fácil perceber os diferentes estágios do produto automóvel.

Com o gerenciamento de dados não é diferente. Tomando como foco de validação da diferença entre as gerações dos gerenciadores a forma de resolver os problemas então postos, é possível afirmar que cada geração evoluiu em razão de fatores de causa e efeito.

Quando uma nova tecnologia chega ao mercado ela estabelece novas formas de trabalho. Um bom exemplo foi a chegada ao mercado da tecnologia dos bancos de dados relacionais. Devido às enormes diferenças entre esta proposta e as soluções anteriores foi necessário que as empresas buscassem formas de se adaptar para fazer bom uso de seus recursos.

A geração anterior, dominada pelo VSAM[5] da IBM[6], foi rapidamente abandonada devido ao potencial de processamento de bases de dados muito maiores e com programas mais modulares e versáteis.

A geração tecnológica baseada na orientação a objetos se viu diante de novas formas de programação, mas não houve de fato uma evolução no gerenciamento das bases de dados.

Um novo cenário foi posto pelo armazenamento de dados não estruturados em que foi necessário que os profissionais de tecnologia da informação se familiarizassem com ferramentas de análise baseadas em linguagem natural, para gerar resultados úteis para os negócios das empresas.

Em paralelo, a evolução dos mecanismos de busca fez surgir ferramentas que tinham como objetivo gerar lucro a partir da

---

[5] VIRTUAL STORAGE ACCESS METHOD - VSAM. O Método de Acesso ao Armazenamento Virtual. É um método de gerenciamento de arquivos usado principalmente em mainframes, mas também em PCs. O VSAM acelera o acesso aos dados do arquivo usando um índice reverso de registros anexado aos arquivos. Este índice é denominado árvore B +.

[6] A International Business Machines Corporation (IBM) é uma empresa dos Estados Unidos voltada para a área de informática. A empresa é uma das poucas na área de tecnologia da informação (TI) com uma história contínua que remonta ao século XIX. A IBM fabrica e vende hardware e software, oferece serviços de infraestrutura, serviços de hospedagem e serviços de consultoria nas áreas que vão desde computadores de grande porte até a nanotecnologia. Foi apelidada de "Big Blue" por adotar o azul como sua cor corporativa oficial, em português "Grande Azul".

indexação e recuperação de dados significativos no cenário da internet.

Esse processo evolutivo iniciado antes da virada do século culminou no ponto em que estamos com a chegada do Big Data. Uma caraterística essencial deste processo evolutivo é o fato de que de uma geração para outra não houve uma substituição de ferramental, metodologias e conceitos, mas sim a geração de um leque de alternativas para problemas diferentes. O Big Data é um derivado deste leque de soluções.

Retomando o contexto da tecnologia em meados da década de 1960, quando a computação se apresentou como alternativa de processamento no mercado das empresas comerciais, os dados eram armazenados em arquivos simples, fitas magnéticas, que tinham estruturas primárias.

Quando as empresas precisavam de resultados mais complexos para apoiar seus processos decisórios ou sua cadeia de produção e de entrega de produtos era necessário um esforço sobre-humano para criar valor a partir desses arquivos.

Já na década de 1970, Peter Chen revolucionou os gerenciadores de dados ao propor o modelo de dados relacional que impôs uma nova estrutura e tendo como objetivo a melhoria dos parques computacionais.

Entretanto, o principal diferencial desta abordagem foi a introdução dos níveis de abstração através da linguagem de consulta estruturada, a SQL[7], e dos geradores de relatórios.

---

[7] SQL é sigla inglesa de "Structured Query Language" que significa, em português, Linguagem de Consulta Estruturada, uma linguagem padrão de gerenciamento de dados que interage com os principais bancos de dados baseados no modelo relacional. Alguns dos principais sistemas que utilizam

O modelo relacional, incrementado por Charles Bachman e James Martin, consolidou uma forma de pensar, de trabalhar e de processar os dados que atendiam às necessidades crescentes das empresas que, neste momento, se faziam presente em vários países se tornando transnacionais.

Essa tecnologia permitiu aos gerentes de negócios examinarem informações estratificadas, segmentadas e com cruzamentos tais como quantidade de itens em estoques distribuídos em relação às quantidades dos pedidos regionalizados e perfis de clientes segmentados por classe de renda que seriam impossíveis com as gerações de gerenciadores de bases de dados anteriores.

Mas este belo cenário trouxe consigo um novo problema. Como armazenar esse volume crescente de dados? O armazenamento era cada vez mais caro e o processamento era cada vez mais lento. Como consequência havia a dificuldade de avaliar se toda esta infraestrutura tinha valor real para as empresas.

Apesar das fragilidades do modelo entidade-relacionamento, ele se consolidou como padrão de gerenciamento de dados de sistemas transacionais baseados em dados altamente estruturados.

Entretanto, o problema do processamento de informações gerenciais e estratégicas aumentava a cada dia. O crescimento do volume de dados que as empresas precisavam processar chegou a um nível sem controle ao final da década de 1990.

Foi então que William H. Inmon (Inmon, 1992,1996) apresentou sua definição de DW que forneceu uma solução caracterizada por:

• Orientação por assunto. A orientação da modelagem da estrutura

---

SQL são: MySQL, Oracle, Firebird, Microsoft Access, PostgreSQL (código aberto), HSQLDB (código aberto e escrito em Java).

de dados do DW é orientada para os principais assuntos da empresa enquanto os sistemas transacionais são focados nos processos e aplicações transacionais.

- Integração. Todo dado criado no ambiente do DW é criado em segmentos de assunto, os data marts[8], que são integrados formando uma base em que todos dados são integrados. A integração é viabilizada adotando-se as seguintes diretrizes:

  o Os nomes de atributos são padronizados.

  o Os comentários dos atributos são pensados de acordo com o todo da empresa e não com um sistema de informação específico.

  o A informação é codificada de acordo com padrões adotados por todos os sistemas de informação da empresa.

  o Os tipos, tamanhos e formatos de atributos são padronizados e adotados em todas as bases de dados da empresa

- Variância no tempo. Enquanto nos sistemas transacionais as bases de dados mantêm os dados de acordo com os processos em que são utilizados, no DW a linha do tempo dos dados é mantida sem interrupção, pois seu principal objetivo é analisar o

---

[8] Data Mart - É um pequeno armazém de dados, abrangendo uma determinada área de assunto e oferecendo informações mais detalhadas sobre o mercado (ou departamento) em questão. Um conjunto de data marts de uma empresa compõe o data warehouse.

comportamento dos dados ao longo de um período mais extenso.

- Não volatidade. No DW existem somente duas operações: a carga de dados e as consultas dos dados. Nesta estrutura os dados são copiados periodicamente da base de dados transacional. Sem alteração ou exclusão permitindo derivar o modelo de dados multidimensional.

Para melhor compreensão desta abordagem, tomemos o exemplo de uma empresa de cruzeiros marítimos. Utilizando-se de um DW pode-se obter informações baseadas na série histórica das viagens dos navios. É possível identificar em qual região do mundo tem-se a maior procura por um determinado cruzeiro em uma determinada época do ano (Kimball et al., 2013). Pode-se também ampliar o detalhe desta consulta identificando a origem destes passageiros.

De posse destas informações em tempo hábil, ou seja, ao final da temporada de cruzeiros, é possível aos gestores planejar o calendário de cruzeiros para a próxima temporada oferecendo vantagens aos passageiros de determinada região do mundo.

O mesmo exemplo se aplica a programas sociais em que é possível aos gestores públicos basear suas ações de acordo com a análise histórica de determinado assunto. Por exemplo, de posse dos dados das matrículas das escolas públicas seria possível, pela análise da série histórica de resultados dos alunos, identificar em que região se tem maiores evasões das escolas e atuar na manutenção dos alunos nas salas de aula.

As melhorias das tecnologias de virtualização e os aperfeiçoamentos na escalabilidade do hardware trouxeram muitos benefícios e ampliaram os campos de ação dos gerenciadores de bancos de dados e dos Data Warehouses. Em paralelo a ampliação de performance dos data marts foi mais um fator de ampliação do uso dos Data Warehouse.

Os data marts tiveram seu uso ampliado pelo foco em problemas específicos do negócio da empresa, atendendo a consultas rápidas, se comportando como pequenos DWs que, à medida em que tinham seu uso aprovado, eram incorporados ao DW corporativo.

O conjunto DW + data mart resolveu muitos problemas de geração de dados gerenciais e estratégicos, mas se mostraram inadequados para tratar problemas que necessitavam processar dados não estruturados ou semiestruturados.

Uma das razões para esta inadequação às novas demandas de processamento é justamente um dos pilares do Data Warehouse. Sua estrutura é baseada em cargas periódicas que atendem bem à proposta inicial de geração de dados para planejamento, relatórios financeiros e campanhas de marketing tradicionais, mas é demasiadamente lento para empresas e consumidores que necessitam de análises e resultados em tempo real.

Cabe destacar aqui que o conteúdo não estruturado não tem como ser tratado em atributos convencionais em bases de dados relacionais. Como solução de armazená-los nas bases de dados, para que não se perdessem, os dados não estruturados foram armazenados blocos contíguos de dados, em campos como os BLOBs – *Binary Large Object*, objeto binário grande. Este tipo de campo foi criado para o armazenamento de qualquer tipo de informações em formato binário, dentro de uma tabela de um banco de dados relacional.

Apesar de muito útil para o armazenamento de dados não estruturados, este tipo de campo não permite que seu conteúdo seja utilizado nos processamentos pois não era possível saber o que estava dentro deles. O BLOB foi muito utilizado, então, para o armazenamento de imagens.

No cenário atual, em que a maioria dos dados disponíveis no mundo não são estruturados, tem-se um novo mercado, com soluções desconectadas que evoluíram para plataformas de gerenciamento de processos de negócio unificado.

Essa nova plataforma de soluções incorporou metadados tais como informações sobre a performance da empresa e características das informações armazenadas sobre esta performance.

Simultaneamente, a engenharia de requisitos se viu diante de uma nova geração de especificações que é baseada na convergência da web com a virtualização, computação em nuvem e grandes volumes de dados.

Estes novos requisitos traduzem as demandas das empresas que estão começando a incorporar no seu processo de trabalho a necessidade de gerenciar uma nova geração de fontes de dados com quantidades e variedades, sem precedentes, que precisam ser processadas e gerar resultados úteis em uma velocidade nunca vista.

A evolução dos gerenciadores de dados chega então à proposta tecnológica atual, o Big Data. E aí temos uma questão muito presente nas análises das empresas. O Big Data é realmente algo novo no mundo do processamento de dados ou é uma evolução natural da tecnologia?

Apesar de parecer incoerente dizer que ele é resultado da evolução natural do gerenciamento de dados e algo inteiramente novo, esta é a resposta (Helbing, 2015a). Ao mesmo tempo em que ele é baseado em tudo que existiu anteriormente no gerenciamento de dados, ele apresenta novidades fundamentais ao resolver problemas tais como o custo dos ciclos de computação, o aumento da complexidade do armazenamento e o gerenciamento de bases de dados enormes.

O Big Data torna possível virtualizar os dados para que possam ser armazenados de forma mais eficiente e mais econômica ao se utilizar o armazenamento baseado em nuvem.

Em paralelo, o novo cenário de processamento de dados tem a seu dispor as melhorias na velocidade e na confiabilidade das redes, as mudanças nos preços e na sofisticação da memória dos computadores.

E, enfim, após tantas evoluções tem-se hoje a possibilidade de estruturar   soluções, inconcebíveis até a pouco tempo, nas quais as empresas têm o potencial de fazer uso inteligente de grandes massas de dados não estruturados.

Como exemplo de processamento destes grandes volumes de dados temos casos em que já há empresas processando petabytes de dados, equivalente a 35 milhões de arquivos cheios de pastas com arquivos de texto ou muitos anos de conteúdo HDTV, com desempenho excepcional, para identificar padrões de comportamento de consumidores ou encontrar anomalias em processos de comércio eletrônico.

A adoção do Big Data não implica em mudanças apenas nas empresas, mas também em segmentos acadêmicos e da ciência, em institutos de pesquisa e empresas governamentais.

É importante destacar que ainda estamos em estágios iniciais em relação ao processamento de grandes volumes de dados como base de planejamento e antecipação de mudanças no mercado e no comportamento dos clientes.

De tudo que foi exposto até agora você já deve ter concluído que Big Data não é apenas uma ferramenta, nem é somente uma consequência da evolução dos gerenciadores de bancos de dados, mas sim uma convergência de diversos fatores, tecnologias, consumidores, computadores no contexto da Internet.

E chegamos então ao conceito de **Big Data** que vamos adotar neste livro:

Conjunto de tecnologias para gerenciar um enorme volume de dados estruturados e não estruturados, em alta velocidade produzindo resultados esperados no prazo esperado para permitir análises e planejamento em tempo real.

Há quem pense que Big Data é apenas mais uma novidade, mas quando se fala em Big Data está-se falando de novidades tecnológicas, novas teorias computacionais e novos gerenciadores de banco de dados.

A abordagem de Big Data incorpora muitas abordagens diferentes de análise para tratar um problema específico. Algumas análises serão baseadas em um DW tradicional, enquanto outras utilizam a análise preditiva avançada.

Administrar Big Data de forma integral, multidisciplinar e holística demanda muitas abordagens distintas para que seja possível ter sucesso no negócio da empresa e no planejamento das estratégias futuras.

Após executar processos de indexação, estruturação e limpeza de enormes quantidades de dados uma alternativa interessante para facilitar a análise destes é organizar subconjuntos, de acordo com padrões identificados ou determinados parâmetros, e torná-los acessíveis aos profissionais da empresa.

Uma forma de implementar esta acessibilidade aos dados é implementar Data Warehouses estruturados em data marts orientados aos negócios da empresa. Esta abordagem oferece compactação, particionamento em vários níveis e um grande paralelismo de processamento.

2.4   Característica da análise em Big Data.

O fato da empresa ter à sua disposição a capacidade de gerenciar e analisar petabytes, que em breve serão exabytes, de dados cria um cenário de realidade informacional.

Com tantas variáveis no contexto Big Data as análises podem se tornar extremamente complexas. Uma análise muito útil no combate a fraudes, por exemplo, utiliza modelos preditivos que combinam dados estruturados e não estruturados.

Na abordagem tradicional de geração de relatórios analíticos e estratégicos a empresa espera que os dados sejam a matriz para responder a perguntas sobre o que fazer e quando fazer. Os dados são usualmente integrados como campos em aplicativos de negócios de propósito geral. Na abordagem Big Data empresas produtoras de software estão desenvolvendo aplicativos especializados na arquitetura desestruturada e múltipla do Big Data.

Os melhores exemplos destes aplicativos focam em áreas como saúde, educação, fábricas, gerenciamento de tráfego e comércio eletrônico. Uma característica comum a todos estes aplicativos para Big Data é estarem preparados para processar grandes volumes, com altas velocidades e recebendo uma grande variedade de dados.

Na área da saúde, um aplicativo de Big Data pode ser capaz de monitorar unidades de terapia intensiva para identificar quando um paciente necessitará de algum suporte mais sério. Em uma fábrica um aplicativo de Big Data pode ser usado para evitar que uma máquina interrompa o processo de produção. Um aplicativo de gerenciamento de tráfego aéreo de Big Data pode reduzir o congestionamento e o risco de acidentes em aeroportos muito movimentados.

2.5   O antigo encontra o novo: computação distribuída.

A computação distribuída tem sido utilizada por mais de 50 anos. Inicialmente, a tecnologia foi base de pesquisas da ciência da computação como forma de reduzir o porte de tarefas de computação e atacar problemas complexos sem o custo de grandes sistemas de computação.

A computação distribuída é uma técnica que permite que computadores individuais sejam conectados em rede como se fossem um único ambiente.

Um dos primeiros empreendimentos de sucesso em computação distribuída foi um projeto financiado pela Agência de Projetos de Pesquisa Avançada de Defesa dos EUA, DARPA[9].

O resultado da pesquisa deu origem ao desenvolvimento da Internet. Inicialmente ele foi projetado para criar um sistema de rede de interconexão que apoiaria pesquisas não comerciais em colaboração entre cientistas. Nos primórdios da Internet, esses computadores costumavam ser conectados por linhas telefônicas

Conforme a tecnologia amadurecia, protocolos comuns como o TCP[10] ajudaram a proliferar a tecnologia e a rede. Quando o IP[11] foi

---

[9] Defense Advanced Research Projects Agency – DARPA. A Agência de Projetos de Pesquisa Avançada de Defesa, criada em fevereiro de 1958, inicialmente como ARPA, por militares e pesquisadores norte-americanos sob a supervisão do presidente Eisenhower, como reação dos Estados Unidos à vitória tecnológica da então União Soviética com o lançamento do primeiro satélite artificial, Sputnik 1, com objetivo original de manter a superioridade tecnológica dos EUA e alertar contra possíveis avanços tecnológicos de adversários potenciais.

[10] Transmission Control Protocol - TCP. O Protocolo de Controle de Transmissão, integra o grupo de protocolos de comunicação que dão suporte às atividades de usuários na internet. Sua função é basicamente de verificação de erros nos dados transmitidos.

[11] O protocolo de internet puro, ou seja, o IP, é o principal protocolo de comunicação na rede. Ele é o responsável por endereçar e encaminhar os pacotes que trafegam pela internet.O IP, porém, não se assegura da entrega de seus pacotes de dados. Por isso, é comum que esse protocolo seja combinado ao TCP.

adicionado, o projeto mudou de uma rede fechada para uma coleção de cientistas para uma plataforma potencialmente comercial para transferir e-mail em todo o mundo.

Ao longo da década de 1980, novos serviços baseados na Internet começaram a surgir no mercado como uma alternativa comercial à rede DARPA. Em 1992, o Congresso dos EUA aprovou a Lei de Tecnologia Avançada e Científica que, pela primeira vez, permitiu o uso comercial desta poderosa tecnologia de rede.

Com seu crescimento explosivo contínuo, a Internet se firmou como uma rede distribuída global e continua sendo o melhor exemplo do poder da computação distribuída.

Em algumas topologias de rede, as entidades de computação individuais simplesmente passam mensagens umas para as outras. Em outras situações, um ambiente de computação distribuído pode compartilhar recursos que variam de memória a redes e armazenamento.

Todos os modelos de computação distribuída têm em comum o fato de serem um grupo de computadores em rede que trabalham juntos para executar uma carga de trabalho ou processamento.

Havia centenas de empresas criando uma infraestrutura de software destinada a fornecer uma plataforma comum para suportar um ambiente de computação altamente distribuído antes da Internet se tornar uma rede comercial.

Entretanto, cada fornecedor ou empresa de padrões desenvolveu suas próprias RPCs[12] que todos os clientes, desenvolvedores de software comercial e parceiros teriam que adotar e dar suporte.

O RPC é um mecanismo primitivo usado para enviar trabalho a um computador remoto e geralmente requer a espera pela conclusão do trabalho remoto antes que outro trabalho possa continuar. Com os fornecedores implementando RPCs proprietários, tornou-se impraticável imaginar que qualquer empresa seria capaz de criar um padrão universal para computação distribuída.

Em meados da década de 1990, os protocolos da Internet substituíram essas abordagens primitivas e se tornaram a base para o que é a computação distribuída hoje.

2.6   Computação distribuída.

Os recursos de computação podem ser distribuídos de várias maneiras. A consequência é a necessidade de se ter vários modelos de computação distribuída. Por exemplo, é possível distribuir um conjunto de programas no mesmo servidor físico e usar serviços de mensagens para permitir que eles se comuniquem e transmitam informações. Também é possível ter vários sistemas ou servidores diferentes, cada um com sua memória, que podem trabalhar juntos para resolver um problema.

É importante observar que nem todos os problemas requerem computação distribuída. Caso não haja uma grande restrição de tempo, o processamento complexo pode ser feito remotamente por meio de um serviço especializado.

---

[12] Remote Procedure Call - RPC. A Chamada remota de procedimento é uma tecnologia de comunicação entre processos que permite a um programa de computador chamar um procedimento em outro espaço de endereçamento, geralmente em outro computador, conectado por uma rede.

Anteriormente, quando as empresas precisavam fazer análises complexas de dados eles eram movidos para um serviço ou entidade externa onde muitos recursos adicionais estavam disponíveis para o processamento.

Nessa situação a questão não era o fato das empresas não se importarem em esperar para obter os resultados de que precisavam. A situação era imposta por não ser economicamente viável comprar equipamentos de computação suficientes para lidar com esses requisitos emergentes.

Em muitas situações, devido aos custos, as empresas trabalhavam apenas com porções de dados, em lugar de tentar capturar todos eles. Os analistas queriam todos os dados, mas tinham que tentar trabalhar com partes reduzidas na tentativa de capturar os dados necessários para o problema em questão. A possibilidade de aproveitar as técnicas de computação distribuída e de processamento paralelo transformou enormemente o cenário e reduziu drasticamente a latência.

Existem casos especiais, como o HFT[13], em que a baixa latência só pode ser alcançada localizando fisicamente os servidores em um único local.

2.7   O problema com latência.

Um dos problemas mais determinantes do sucesso no gerenciamento de dados, especialmente quando tratamos de grandes quantidades de dados, é a latência.

Latência é o atraso na execução de uma tarefa. A latência é um problema em todos os aspectos da computação, incluindo

---

[13] High Frequency Trading – HFT. A Negociação de Alta Frequência é um conceito associado ao algorithmic trading e se refere à utilização de algoritmos poderosos, que permitem realizar a negociação de ativos financeiros de maneira automática com máxima velocidade. É uma forma de usar a tecnologia, os "robôs", para realizar investimentos de curtíssimo prazo, com duração de segundos.

comunicações, gerenciamento de dados, desempenho do sistema e muito mais.

A computação distribuída e as técnicas de processamento paralelo podem fazer uma diferença significativa na latência experimentada por clientes, fornecedores e parceiros.

A maioria dos aplicativos de Big Data é dependente de baixa latência devido aos requisitos de Big Data para velocidade, volume e variedade dos dados. Não é possível desenvolver um aplicativo de Big Data em um ambiente de alta latência. A necessidade de verificar os dados quase em tempo real também é muito afetada pela latência.

A consolidação da Internet como plataforma para todos os usos, do comércio à medicina, deu origem à demanda por uma nova geração de gerenciamento de dados.

No final da década de 1990, empresas como Google, Yahoo! e Amazon foram capazes de expandir seus modelos de negócios, aproveitando hardware barato para computação e armazenamento.

Entretanto, poucos anos depois estas empresas já necessitavam de uma nova geração de tecnologias de software que lhes permitisse monetizar as enormes quantidades de dados que estavam capturando dos clientes sem esperar pelos resultados do processamento analítico.

Um dos fatores que potencializa a *cloud computing*[14], então, é a necessidade contínua e crescente de processar dados díspares. O modelo de nuvem permite a operação em grande escala e distribuída.

---

[14] Cloud Computing. A Computação em Nuvem é a oferta de serviços de computação sob demanda por meio da internet. Esses serviços incluem armazenamento de arquivos, redes, softwares, bancos de dados, servidores e outros tantos. A característica principal é esse sistema torna desnecessário salvar arquivos e instalar programas em seu próprio computador.

A definição da arquitetura deve tomar como base o que sua empresa deseja fazer com seus dados estruturados e não estruturados. Isto também determina a necessidade de entender as estruturas de dados de entrada para colocar esses dados no lugar certo.

Um aspecto digno de destaque no universo do Big Data é o fato de que, muitas vezes, a empresa não precisa ser proprietária de todos os dados que usará. Muitos exemplos demonstram esta situação.

Você pode estar utilizando dados de mídias sociais, dados originários de medições do comércio eletrônico de terceiros ou mesmo dados provenientes de satélites. Muitos desses dados podem ter sido previamente isolados e não é um pré-requisito que os mesmos cheguem até sua empresa em tempo real.

Nosso foco é na situação em que a empresa precisa processar grandes volumes de dados, em altas velocidades, e eles são de natureza variada. O problema é que não se pode obter valor comercial ao lidar com uma variedade de fontes de dados desconectadas.

Os componentes que se tornam necessários são conectores e metadados:

- Conectores. Pode ser que as suas análises precisem de alguns conectores que permitam extrair dados de várias fontes de Big Data. Talvez seja necessário um conector do Twitter ou do Facebook. Ou talvez precise integrar um Data Warehouse com uma fonte de Big Data que está fora de suas instalações, para que possa analisar as fontes de dados juntas.

- Metadados. Metadados são as definições, mapeamentos e outras características usadas para descrever como encontrar, acessar e usar os componentes de dados (e software) de uma empresa.

Um exemplo de metadados são os dados sobre o número de uma conta. Isso pode incluir o número, descrição, tipo de dados, nome, endereço, número de telefone e nível de privacidade.

Os metadados podem ser usados para organizar os armazenamentos de dados da sua empresa e lidar com fontes de dados novas e variáveis. São componentes críticos para a integração dos dados com estruturas diversas.

Apesar do conceito de metadados não ser novo, ele está mudando e evoluindo no contexto de Big Data. No mundo tradicional de metadados, é importante ter um catálogo que forneça uma visão única de todas as fontes de dados. Mas para controlar diferentes fontes e tipos de dados, esse catálogo não poderá mais estar limitado a uma única visão. Ele precisará lidar com metadados diferenciados para cada tipo de dado. Pode ser necessário, inclusive, utilizar uma ferramenta analítica para ajudar na compreensão dos metadados subjacentes.

3 Quatro Etapas para um Projeto Bem-Sucedido.

Diferentes empresas em diferentes setores precisam gerenciar seus dados de maneira diferente. Mas algumas questões de negócios comuns são a razão do Big Data ser considerado como um caminho para planejamento e execução das estratégias de negócios.

Daí, temos uma pergunta muito atual:

– O que a empresa espera alcançar com o uso de Big Data?

Esta não é uma pergunta fácil de responder. O maior desafio para a empresa é ser capaz de olhar para o futuro e antecipar o que pode mudar e por quê.

As empresas querem ser capazes de tomar boas decisões mais rapidamente e com maior eficiência. A empresa deseja aplicar esse conhecimento para adotar medidas que possam mudar os resultados dos negócios.

Os líderes também precisam compreender as nuances dos impactos de suas decisões de negócio em todas as linhas de produtos e em seu ecossistema de parceiros. As melhores empresas adotam uma abordagem holística em relação aos dados.

Quatro etapas fazem parte do processo de planejamento que se aplica ao Big Data: planejar, analisar, verificar e agir.

As seções seguintes descrevem o que estas etapas significam.

3.1 Etapa 1: Planejar com dados.

Com a quantidade de dados disponíveis para as empresas, existem perigos em fazer suposições com base em uma única visão dos mesmos. A única maneira de ter a certeza de que os líderes estão se baseando em uma perspectiva equilibrada com todos os elementos para tomar boas decisões está em ter uma clara compreensão de como esses dados fontes estão relacionados.

Mas, em geral, as empresas têm apenas uma pequena quantidade dos dados que seriam necessários para estas tomadas de decisões. Assim, a empresa precisa adotar uma trilha de planejamento para determinar quais dados são necessários para planejar novas estratégias e novas direções.

Por exemplo, se uma empresa precisa expandir o tipo de serviços que pode oferecer aos clientes existentes, será necessário realizar análises, baseadas na maior quantidade de dados possível, sobre o que os clientes estão comprando e como isso está mudando.

Surgem perguntas, tais como:

- O que os clientes gostam e não gostam nos produtos?

- O que os concorrentes estão oferecendo?

- Que novas macrotendências estão surgindo que afetarão as preferências dos clientes?

- Como seus clientes estão reagindo aos produtos e aos dos concorrentes?

É fácil perceber que, se for possível encontrar maneiras efetivas para gerenciar os dados, sua empresa terá uma poderosa ferramenta de planejamento. Mesmo que os dados possam confirmar a estratégia existente, eles podem indicar novas direções inesperadas.

Parte do processo de planejamento requer que se use uma variedade de dados para testar suposições e pensar o negócio de forma diferente.

3.2   Etapa 2: Analisar, analisar e analisar.

Após a etapa 1 em que a empresa compreendeu seus objetivos de negócio, é hora de começar a analisar os próprios dados como parte do processo de planejamento. Este não é um processo independente.

A execução na análise de Big Data requer o aprendizado de um conjunto de novas ferramentas e novas habilidades. Muitas empresas vão precisar contratar alguns cientistas de Big Data para poder entender como transformar essa enorme quantidade de dados de problema em oportunidade de negócios.

O mercado de análise de Big Data é muito imaturo, então ainda é difícil encontrar ferramentas altamente abstratas e fáceis de usar para dar suporte à análise. A análise de Big Data é uma área dinâmica que está passando por mudanças muito rápidas.

3.3   Etapa 3: Verificar os resultados.

Uma coisa que acontece com frequência nos primeiros momentos da implantação de Big Data nas empresas é validar os resultados, mas esquecer de fazer uma verificação da realidade. A análise da realidade implica em verificar se os dados são úteis e se aplicam à realidade dos negócios da empresa.

Para tanto é necessário ter respostas sensatas e suficientes para perguntas como estas:

- A análise reflete os resultados esperados para o negócio?

- Os dados utilizados são suficientemente precisos ou eles têm problemas adicionais a serem resolvidos?

- As fontes de dados têm real potencial de incrementar o planejamento dos negócios da empresa?

Este é o momento de ter certeza de que sua empresa está confiando em dados de fontes que levarão a empresa para a direção certa. Muitas empresas usam fontes de dados de terceiros e podem não ter o tempo para checar suficientemente a qualidade dos dados.

Esteja atento então para esta questão. Quando se está planejando e realizando decisões de negócios com base em análise, é necessário se ter certeza de que se está com uma fundação forte.

3.4   Etapa 4: Agindo no rumo certo.

Após a conclusão desse ciclo de análise, é hora de colocar o plano em ação, mas as ações devem fazer parte de um ciclo geral de planejamento que se repete, especialmente à medida que os mercados se tornam mais dinâmicos.

Cada vez que uma empresa inicia uma nova estratégia, é fundamental criar um ciclo constante de avaliação de negócios de Big Data.

A abordagem de agir com base nos resultados da análise de Big Data e, em seguida, testar os resultados da execução da estratégia de negócios é a chave para o sucesso. O Big Data acrescenta o elemento crítico de ser capaz de alavancar resultados reais para verificar se a estratégia está funcionando como pretendido.

Às vezes os resultados de uma nova estratégia podem não coincidir com as expectativas dos gestores da empresa. Em alguns casos, isso vai significar a redefinição da estratégia e em outras situações, as consequências não intencionais levarão a empresa a uma nova direção que pode terminar por ter um resultado melhor.

3.5   Algumas vantagens de Big Data.

Utilizar a tecnologia de forma inteligente pode fazer com que sua empresa garanta seu espaço no mercado, se destacando perante os concorrentes e até mesmo se tornando líder no segmento. E conhecer alguns exemplos de aplicações Big Data pode fazer com que você perceba os segredos para o sucesso empresarial.

O Big Data funciona como uma bússola para que os administradores tomem a decisão correta sobre o rumo que sua empresa deve tomar. Ela aumenta a eficiência e agiliza o desenvolvimento de empresas de qualquer ramo e tamanho.

3.5.1   Exemplos de aplicações Big Data no RH.

O propósito do Big Data no setor de recursos humanos é substituir presunções com certezas, maximizando a taxa de sucesso nas contratações.

Apesar desse departamento ser bastante subjetivo, computadores de ponta processam uma grande variedade de informações de forma muito mais precisa que o ser humano.

O Big Data consegue garantir os seguintes benefícios:

01. Reduzir más contratações.

Mesmo com o apoio dos melhores profissionais da área, é possível que sejam contratados funcionários que não se encaixem no perfil da companhia. Em função disso ocorrem prejuízos nessa contratação, pois houve dispêndio de capital nas entrevistas, treinamentos, perda na produtividade etc.

Utilizando a tecnologia do Big Data, é possível analisar rapidamente todos os dados dos candidatos, inclusive se suas ideologias e se suas metas estão de acordo com os princípios da empresa, resultando no aumento na probabilidade de contratação do funcionário ideal.

02. Aumentar a taxa de retenção.

Após contratar o funcionário ideal, o objetivo do RH é mantê-lo na empresa, afinal, são os funcionários que movem a empresa internamente, eles prestam o serviço ou produzem o produto. O algoritmo do Big Data estuda constantemente O histórico, performance e satisfação de cada funcionário.

É possível identificar precisamente se ele está satisfeito no trabalho, quais são os problemas existentes e os meios de solucioná-los Ao fazê-lo, a sua produtividade será potencializada tanto pela sua satisfação quanto pela eliminação de entraves às suas tarefas.

03. Prever performance.

Com o Big Data é possível predizer se determinado colaborador será capaz de se destacar perante os demais do setor, se possui ideias inovadoras para o negócio ou talento para outras atividades na empresa. Para isso é necessária uma análise minuciosa e constante. As predileções incluem:

- Velocidade de aprendizado;

- Efetivação na empresa;

- Compromisso com o trabalho; e

- Ociosidade e probabilidade de ocorrerem acidentes de trabalho.

Os dados agregados eletronicamente são atualizados de maneira automática e analisados em tempo real. Ao juntá-los com performance de empregos passados, permitirá uma antecipação de sua futura performance.

3.5.2   Nos comércios varejistas.

O maior desafio para os varejistas é prever o comportamento e preferências de sua clientela, seja ela nova ou já existente. Afinal, o gosto dos consumidores está em constante mutação com o surgimento de novas modas e tendências.

Mas esse obstáculo pode ser facilmente solucionado com a adoção do Big Data.

01. Gerar recomendações.

Big Data utiliza o histórico de compras e buscas do cliente na Internet para gerar uma lista de produtos que também possam ser de interesse. Com esse sistema, sua empresa poderá atrair a atenção até mesmo de novos clientes, pois o catálogo será baseado na busca geral na Internet e não somente no seu site.

Isso aumenta o tempo de permanência dos consumidores no seu site, as chances de compras e a popularidade de seu empreendimento de forma generalizada.

02. Conhecer sua clientela.

A tecnologia é interligada às redes sociais e realiza buscas inteligentes sobre palavras-chave, tendências e acessos a outras páginas. Com isso, pode-se identificar quais produtos atraem cada tipo de cliente, aqueles que fazem parte de apenas um nicho e quais são amplamente populares, maximizando as vendas de todos os produtos do site.

03. Realizar decisões estratégicas.

Normalmente, aplicativos comuns informam a quantidade de produtos vendidos, com isso é possível saber quais são os mais populares e geram mais receitas.

Entretanto, o Big Data vai além demonstrando quais produtos estão ganhando ou perdendo popularidade e comparando preço com concorrentes entre outros indicadores. Tudo isso contribui para que o administrador arquitete estratégias mais eficazes, inclusive no varejo físico.

3.5.3   Na área da saúde.

Os setores da saúde trabalham constantemente com urgências e emergências e esses eventos geram desordem em qualquer empresa, fazendo com que determinados ambientes sofram com falta de funcionários enquanto outros possuam certa morosidade.

Por essa razão, é fundamental que haja o auxílio de um computador para controlar o tempo e quantidade de funcionários em cada área do estabelecimento, maximizando a produtividade e satisfazendo a clientela.

01. Criar fichas eletrônicas.

Do inglês Eletronic Health Records – EHRs, o registro eletrônico de saúde é um cadastro de todo o histórico de doenças, alergias, testes e resultados de laboratório do paciente. Isso economiza tempo e dinheiro com repetição de testes ou entrevistas com o indivíduo.

02. Receber alertas em tempo real.

É possível que essa função seja em nuvem, ou seja, o alerta se dará em qualquer localidade, não sendo necessário que o usuário esteja perto de um terminal de computador para recebê-lo.

Dessa forma, o Big Data também surge como uma ferramenta fundamental para preservação da saúde de forma geral pela criação de alertas em tempo real. Por exemplo, se a pressão sanguínea do paciente aumentar significativamente, alertas serão enviados automaticamente ao médico para que ele tome as providências necessárias.

03. Prever necessidades.

Pacientes com históricos hospitalares complexos ou que sofrem de múltiplas condições requerem uma atenção especial, ocupando muito tempo dos médicos. O Big Data pode auxiliar na execução de um estudo instantâneo de sua condição, antecipando necessidades e auxiliando médicos em suas preparações.

As entidades de saúde, através de algoritmos analíticos, podem construir e analisar padrões no atendimento médico, seja pela via de dados estruturados ou não estruturados. O Big Data tem sido útil no suporte à decisão médica, bem como na capacidade de previsão e de rastreio.

Nos EUA o hospital Texas Health Harris Methodist Hospital Alliance tem analisado a informação proveniente dos sensores médicos de forma a prever o quadro evolutivo dos seus pacientes, bem como, para fazer a monitorização dos movimentos dos pacientes durante todo o período de internação.

Desta forma o hospital consegue obter relatórios, alertas, indicadores-chave de desempenho e visualizações interativas resultantes da análise preditiva. Esta análise permite que o hospital ofereça os serviços adequados e com maior eficiência, melhorando assim as operações já existentes, bem como, a sua capacidade de prevenção de possíveis riscos médicos.

Outro exemplo está relacionado com o trabalho que tem sido desenvolvido por alguns investigadores das Universidades de Heidelberg e de Stanford que construíram um sistema que visa a de detecção de doenças recorrendo ao diagnóstico visual de imagens que segundo a taxonomia são chamadas de naturais.

As imagens naturais consistem em imagens como as lesões de pele, por exemplo, para ajudar a determinar se elas são cancerígenas. De acordo com os dirigentes deste estudo, a capacidade de previsão do sistema teve um desempenho melhor quando comparado com os dermatologistas profissionais.

Por um lado, a população em geral se veria beneficiada, no sentido de que quanto mais cedo uma doença é diagnosticada melhores são as hipóteses de tratamento. Por outro, o estado seria igualmente beneficiado à medida que poderia reduzir os seus custos relacionados ao tratamento de doenças em estado avançado.

3.5.4 Meio ambiente.

Devido aos grandes avanços da sociedade moderna, muitas das vezes o ambiente é forçado a pagar o preço pelo progresso humano. O Big Data está permitindo que empresas como a Rainforest Connection, uma empresa sem fins lucrativos dos EUA, usem ferramentas de inteligência artificial, como o TensorFlow, do Google, em programas de conservação de recursos naturais nos mais variados lugares a volta do mundo.

A sua plataforma pode detectar atividades ilegais, tais como o abate de árvores nas zonas em que as florestas se encontram mais desprotegidas ou mais suscetíveis a este tipo de ação. Estas atividades podem ser registradas apenas graças a análise da informação proveniente dos sensores de áudio que permitem auscultar em tempo real ou quase real a diversas florestas.

3.5.5 Auxílio na gestão de crises.

As crises em questão variam desde desastres naturais ou incitados pelo homem a missões de busca e resgate a crises relacionadas ao surgimento de doenças. No que diz respeito ao auxílio de gestão de crises, surgem exemplos, como o uso de IA combinada com a informação originada em satélites que têm permitido fazer o mapeamento e previsão da progressão de incêndios florestais.

Desta forma esses novos instrumentos têm permitido que a intervenção dos bombeiros seja mais precisa e revestida de maior eficácia. Igualmente têm-se explorado o possível uso de drones, mais uma vez associado a IA, para resgatar pessoas desaparecidas em áreas selvagens.

3.5.6   Para pequenas empresas.

O Big Data não deve ser ignorado por nenhuma empresa, nem mesmo as pequenas. É comum pensar que um negócio novo não precisa de um Big Data para processar informações, mas esse é um erro grave.

01. Aproveitar melhor as redes sociais.

O Big Data identifica menções feitas à companhia nas redes sociais cujas plataformas de comunicação incluem Twitter, Facebook, Instagram, Snapchat e outras que permitem troca de mensagens públicas.

A tecnologia diferenciará as postagens de experiências positivas ou negativas permitindo que se conheça melhor os clientes, se encontre meios mais efetivos para conquistá-los e vender o produto da empresa a eles.

02. Conhecer melhor os consumidores.

É possível coletar dados da experiência dos usuários com seus produtos através dos dispositivos que eles estiverem utilizando, como notebooks, computadores de mesa, smartphones entre outros.

Ao conhecer seus problemas e gostos, é possível saber como os produtos e serviços da empresa devem ser atualizados para melhor agradar os consumidores e fidelizá-los.

03. Criar um marketing melhor.

Manter uma análise de informações constante sobre seus clientes, como idade, gênero, etnia entre outros elementos permitirá a criação

4   Mitos e Tendência.

Com a crescente popularidade do Big Data, existem muitos conceitos errados sobre ele. É necessário se tenha consciência do verdadeiro potencial do Big Data e em que situações ele deve ser aplicado.

Big data embute mudanças significativas na maneira como pensamos o tratamento e análise de dados. Tratar volumes muito grandes muda nossa percepção de como olhar os dados. Na prática quando mudamos de escala, nossa percepção muda.

Por exemplo, se sairmos do nosso mundo onde reconhecemos a diferença entre um objeto sólido e o ar a nossa volta e caímos em outra escala, como o nível quântico, tudo passa a ser átomo. As diferenças entre objetos e o ar, como conhecemos no nosso dia a dia, deixam de existir. O mesmo acontece quando saímos de um volume pequeno para um no mínimo, monstruoso, de dados.

Diversos mitos em torno do Big Data surgiram. E, se você se concentrar muito neles, a eficiência geral dos negócios poderá ser prejudicada.

4.1.1   Mitos focados em Big Data.

Alguns dos mitos mais conhecidos são discutidos abaixo.

1. Big Data é apenas Hype.

   É uma opinião muito popular das massas que o Big Data é exagerado. Eles acreditam que o grande volume de dados não é senão o "mesmo dado antigo", apenas em quantidades enormes.

   Acredita-se que não há nada novo no conceito, exceto que apenas os cientistas de dados podem ler as informações dos dados. Isso e os custos adicionais incluídos na tecnologia a tornam ainda mais cara.

   Assim, existe a expectativa de que o Big Data não seja usado por empresas menores por alguns anos.

2. Não há problemas que não possam ser resolvidos com Big Data.

As empresas acreditam que qualquer problema relacionado à análise é um problema de Big Data, mas nem tudo é um problema de grande volume de dados.

Por exemplo, se sua empresa está tentando combinar alguns terabytes de informações com alguns campos de acordo com algumas condições, isso realmente não é um problema de grande volume de dados.

3. Big Data pode antecipar como será o futuro.

Este não é completamente um mito, mas é o que alguns chamariam de meia-verdade. O uso correto de Big Data pode realmente fornecer algumas informações para a previsão do futuro, mas essas informações são baseadas em dados históricos. Isso significa que os insights dependerão dos dados que foram analisados e dos requisitos ou das perguntas do usuário.

Portanto, o Big Data não é 100% confiável para previsões futuras.

4. Big Data só é aplicável em grandes empresas.

Muitos acreditam que o Big Data é apenas para grandes empresas com grandes orçamentos. Essa é uma das razões pelas quais apenas as grandes empresas usam soluções de Big Data.

O Big Data requer muito capital para instalação tecnológica e mão de obra. No entanto, à medida que o custo desses componentes diminui, o poder dessas tecnologias também aumenta, e mais startups poderão usar essas tecnologias.

Ao mesmo tempo, devemos lembrar que a computação em nuvem também está disponibilizando essas tecnologias e plataformas para as empresas menores a um custo menor.

Portanto, o Big Data está se tornando acessível a todos os tipos de empresas.

5. Big Data é melhor menos organizado.

Em Big Data, a precisão das informações, entre outros fatores, depende da magnitude e confiabilidade dos dados que estão sendo analisados. Portanto, isso significa que se os dados são estruturados, não estruturados, organizados ou não organizados não há ligação disto com os resultados obtidos.

Grandes quantidades de dados incorretos também podem levar a más decisões. Outro exemplo disso é a confusão dos dados, pois a análise de Big Data não é um trabalho muito fácil. No entanto, como as soluções analíticas estão se tornando cada vez mais amigáveis, será mais fácil analisar os dados.

Portanto, o desafio é limpar esses dados confusos e analisá-los para obter dados adequados.

6. Tecnologias de Big Data não irão amadurecer.

Atualmente, as tecnologias de Big Data são simplesmente a composição de uma rede de diferentes tipos de software com recursos especiais para analisar grandes volumes de dados e deverão evoluir com o tempo.

Assim, a tecnologia de Big Data não está completamente amadurecida, pois há muitas falhas nesses componentes de rede e no seu ecossistema. O Big Data irá evoluir gradualmente à medida que mais e mais pessoas começam a adotá-lo.

7. O Big Data substituirá os Data Warehouses existentes.

Este é um mito realmente perigoso. A tecnologia de Big Data ainda não está desenvolvida o suficiente para atender às necessidades de todos os tipos de problemas relacionados a dados. Além disso, as tecnologias e plataformas de Big Data não substituem os tradicionais Data Warehouses ou RDBMS.

Big Data é para requisitos específicos e não deve ser aplicado em qualquer situação. Assim, o Big Data não pretende substituir os Data Warehouses atuais, embora possa atender a alguns requisitos dos Data Warehouses no futuro próximo.

A estratégia de Big Data é uma responsabilidade apenas da equipe de TI.

Ter um departamento de TI em uma empresa realmente ajuda, pois é ela que configura os vários tipos de software e hardware necessários para o Big Data.

No entanto, apenas uma equipe de TI dedicada não é suficiente para implantar uma estratégia de Big Data. A estratégia de Big Data ajuda a tomar melhores decisões, mas para isto ser uma vantagem o departamento responsável pelas decisões deve avaliar cuidadosamente as soluções.

8. Hadoop é a melhor solução para Big Data.

O Hadoop é frequentemente considerado a melhor solução de Big Data. No entanto, existem muitas alternativas ao Hadoop. A melhor solução realmente depende de seus próprios requisitos.

9. O termo "Big Data" é novo e os dados disponíveis hoje também são muito novos.

O conceito de Big Data e seus usos são na verdade muito antigos. Muitas empresas usaram Big Data antes de ser oficialmente chamado de "Big Data", então esse mito não é totalmente verdadeiro.

Esses mitos são realmente importantes?

Esses mitos de Big Data são muito obstrutivos e podem resultar em más decisões de negócios. Eles podem contribuir para que a empresa desperdice recursos que poderiam ser melhor utilizados para aumentar sua participação no mercado.

Portanto, conhecer a verdade completa faz diferença, pois as meias-verdades podem ser realmente perigosas para os negócios.

4.1.2 As melhores tendências para 2030.

Um estudo recente publicado pela MicroStrategy aponta as tendências de transformações digitais e Data Analytics que estão vindo com tudo até 2030.

1. Deep Learning.

   Para Frank J. Bernhard, diretor de dados da SHAPE-Digital Strategy, o Deep Learning já saiu do estágio de tendência para um status de consolidação. E o que isso significa?

   Não é mais algo novo, e sua implementação já é quase mandatória. A diferença está na forma como cada empresa emprega a prática em suas operações, e quais estratégias estão tomando para se destacarem em comparação à concorrência.

2. Gráficos Semânticos.

   Roxane Edjlali, diretora sênior de gerenciamento de produtos da MicroStrategy e ex-analista do Gartner, afirma que os gráficos semânticos são essenciais para agregar valor aos negócios: "o gráfico semântico vai se tornar a espinha dorsal que suporta Data e Analytics em um cenário de dados que muda constantemente. As empresas que não usam um gráfico semântico correm o risco de ver o ROI15 relacionado às análises cair devido à complexidade crescente e aos custos organizacionais resultantes.", explica.

3. Visão humana.

Dados são excelentes, mas, para Chandana Gopal, Diretora de Pesquisa do IDC, as pessoas que os aplicam precisam, também, estar familiarizadas com questões etnográficas e o contexto humano por trás de todas as situações coletadas. Segundo Gopal, os dados, de forma crua, são incompletos caso não envolvam este valor.

4. Automated Machine Learning.

Automated Machine Learning, ou AutoML, é a aposta de Marcus Borba, fundador e consultor da Borba Consulting. Para ele, a rápida evolução dos serviços de aprendizado de máquina nos últimos anos possibilitou o surgimento de funções ainda mais ágeis e automatizadas neste setor, sendo de grande valia para marcas, principalmente pela sua fácil utilização e independência.

5. Embeeded Analytics.

Segundo Doug Henschen, VP e analista da Constellation Research, a nova geração de Embeeded Analytics vai acelerar o tempo e obtenção de dados importantes.

---

[15] Return on Investiment – ROI. O Retorno Sobre o Investimento é uma métrica usada para saber quanto a empresa ganhou com investimentos, principalmente na área de Marketing. Para calcular o ROI, é preciso levantar a receita total, subtrair dela os custos e dividir esse resultado também pelos custos.

"A análise concisa fornecida no contexto de aplicativos e interfaces específicos acelera a tomada de decisões. Esse estilo de incorporação e a curadoria de análises concisas e contextuais podem levar mais tempo, e com os avanços, incluindo métodos de desenvolvimento no-code e low-code, estamos vendo uma adoção crescente da próxima geração de Embeeded Analytics."

6. Data e Analytics.

Da mesma forma que a visão humana é necessária para complementar a inteligência de dados, as empresas precisam se acostumar a diversificar estas bases de referências.

7. David Menninger.

Vice-presidente e diretor da Ventana Research, explica que as grandes empresas dificilmente têm uma plataforma exclusiva e padronizada de Data e Analytics, e essa tendência de variar fontes será cada vez mais comum.

8. Habilidades orientadas a dados.

O vice-presidente de educação da MicroStrategy, Hugh Owen, explica que as habilidades orientadas a dados vão se tornar um requisito nas companhias, que devem passar não apenas a recrutar mais pessoas com capacidades analíticas, mas a capacitar os funcionários atuais para estas habilidades.

9. Inteligência Artificial.

Assim como o Deep e Machine Learning já se tornaram mandatórios em um mercado data-oriented, a inteligência artificial também é um braço que não pode ficar de fora nas estratégias de negócios.

A equipe de pesquisadores da Forrester Research indica que, até 2028, as equipes de ciências de dados estarão ocupando de 70% a

90% de seu tempo criando novos e melhores modelos de IA para serem implementados.

10. Inteligência Móvel.

Mark Smith, CEO e diretor de pesquisa da Ventana Research, sugere que, neste ano, veremos metade das companhias reavaliando suas operações em dispositivos móveis e compreendendo que são insuficientes para atender às expectativas dos clientes. Após isso, uma grande remodelação destas funções digitais será observada.

11. Experience Management.

R "Ray" Wang, fundador e analista principal da Constellation Research, comenta que a IA irá potencializar o Experience Management: "à medida que os aplicativos são decompostos pelo processo de negócios para headless microservices, a automação e a inteligência irão desempenhar um importante papel na criação de personalização e eficiência em massa, e em escala. A Empresa Inteligente levará o contexto e o Data Analytics para impulsionar suas próximas ações."

5 HADOOP.

Hadoop é um dos termos que fazem parte do vocabulário das tecnologias emergentes. E merece o destaque que vem recebendo. Ele pode ser descrito como um conjunto de programas e procedimentos *open source*[16] que servem como estrutura para operações de dados.

Devido à sua importância na arquitetura atual de Big Data o Hadoop recebeu neste livro um capítulo inteiro para que seja bem detalhado.

Embora recente, o Hadoop[17] tem se destacado como uma ferramenta eficaz, sendo utilizado por grandes corporações como IBM, Oracle, Facebook, Yahoo!, entre outras.

Mas para chegar nesse ponto, alguns eventos importantes ocorreram nos últimos anos, como demonstram os fatos históricos a seguir:

- Fevereiro de 2003: Jeffrey Dean e Sanjay Ghemawat, dois engenheiros do Google, desenvolvem a tecnologia MapReduce, que possibilitou otimizar a indexação e catalogação dos dados sobre as páginas Web e suas ligações. O MapReduce permite dividir um grande problema em vários pedaços e distribuí-los em diversos computadores. Essa técnica deixou o sistema de busca do Google mais rápido mesmo sendo executado em computadores convencionais e menos confiáveis, diminuindo assim os custos ligados à infraestrutura;

- Outubro de 2003: O Google desenvolve o Google File System, um sistema de arquivos distribuído o GoogleFS (depois

---

[16] Disponíveis sem custo para que todos usem e modifiquem.

[17] http://hadoop.apache.org.

chamado de GFS), criado para dar suporte ao armazenamento e processamento do grande volume de dados da tecnologia MapReduce;

- Dezembro de 2004: o Google publica o artigo *Simplified Data Processing on Large Clusters*, de autoria dos engenheiros Dean e Ghemawat, onde eles apresentam os principais conceitos e características da tecnologia MapReduce, porém, sem detalhes sobre a implementação;

- Dezembro de 2005: o consultor de software Douglas Cutting divulgou a implementação de uma versão do MapReduce e do sistema de arquivos distribuídos com base nos artigos do GFS e do MapReduce publicados pelos engenheiros do Google. A implementação faz parte do subprojeto Nutch, adotado pela comunidade de software livre para criar um motor de busca na Web, normalmente denominado *web crawler* (um software que automatiza a indexação de páginas) e um analisador de formato de documentos *parser*. Tempos depois o Nutch seria hospedado como o projeto Lucene, na Apache Software Foundation, tendo como principal função fornecer um poderoso mecanismo de busca e indexação de documentos armazenados em diversos formatos, como arquivos de texto, páginas web, planilhas eletrônicas, ou qualquer outro formato do qual se possa extrair informação textual;

- Fevereiro de 2006: a empresa Yahoo! decide contratar Cutting e investir no projeto Nutch, mantendo o código aberto. Nesse mesmo ano, o projeto recebe o nome de Hadoop, passando a ser um projeto independente da Apache Software Foundation;

- Abril de 2007: o Yahoo! anuncia ter executado com sucesso uma aplicação Hadoop em um aglomerado de 1.000 máquinas. Também nessa data, o Yahoo! passa a ser o maior patrocinador do projeto. Alguns anos depois, a empresa já contava com mais de 40.000 máquinas executando o Hadoop (White, 2010);

- Janeiro de 2008: o Apache Hadoop, na versão 0.15.2, amadurece como um projeto incubado na fundação Apache, e torna-se um dos principais projetos abertos da empresa;

- Julho de 2008: uma aplicação Hadoop em um dos aglomerados do Yahoo! quebra o recorde mundial de velocidade de processamento na ordenação de 1 terabyte de dados. O aglomerado era composto de 910 máquinas e executou a ordenação em 209 segundos, superando o recorde anterior que era de 297 segundos;

- Setembro de 2009: a empresa Cloudera, especializa em Big Data, contrata Cutting como líder do projeto. Cloudera é uma empresa que redistribui uma versão comercial derivada do Apache Hadoop;

- Dezembro de 2011: passados seis anos desde seu lançamento, o Apache Hadoop disponibiliza sua versão estável (a 1.0.0). Entre as melhorias, destaca-se o uso do protocolo de autenticação de rede Kerberos, para maior segurança de rede; a incorporação do subprojeto HBase, oferecendo suporte a BigTable; e o suporte à interface WebHDFS, que permite o acesso HTTP para leitura e escrita de dados;

- Maio de 2012: a Apache faz o lançamento da versão da 2.0 do

Hadoop, incluindo alta disponibilidade no sistema de arquivos (HDFS) e melhorias no código.

Ao ser hospedado como um projeto da Apache Software Foundation, o Hadoop segue o modelo de licenciamento da Apache, bem mais flexível que outras modalidades de licença para software livre, permitindo modificações e redistribuição do código-fonte. Dessa forma, várias empresas surgiram no mercado distribuindo implementações do Hadoop.

O Hadoop foi projetado para:

- Processar grandes quantidades de dados estruturados e não estruturados, terabytes a petabytes, e é implementado em racks de commodities servidores como um cluster Hadoop.

- Paralelizar o processamento de dados na computação em nós para acelerar os cálculos e ocultar a latência. Em sua essência, o Hadoop tem dois componentes primários:

  - Sistema de arquivos distribuído Hadoop. Um sistema confiável com alta largura de banda e cluster de armazenamento de dados de baixo custo que facilita o gerenciamento de arquivos relacionados em várias máquinas

  - Mecanismo MapReduce: Um processamento de dados paralelo/distribuído de alto desempenho processando implementações do algoritmo MapReduce.

A natureza flexível de um sistema Hadoop permite que as empresas possam adicionar ou modificar seu sistema de dados à medida que suas necessidades mudam, usando peças baratas e prontamente disponíveis de qualquer fornecedor de TI.

Os servidores podem ser adicionados ou removidos do cluster dinamicamente porque o Hadoop foi projetado para ser "auto curativo". Em outro palavras, o Hadoop é capaz de detectar mudanças, incluindo falhas, e se ajustar a essas alterações e continuar a operar sem interrupção.

O apoio e o entusiasmo da comunidade de código aberto por trás disso levou a grandes avanços no sentido de tornar a análise de Big Data mais acessível para todos.

Em seu estado bruto, usando os módulos básicos fornecidos pelo Apache, o Hadoop pode ser muito complexo, mesmo para profissionais de TI. É por isso que várias versões comerciais foram desenvolvidas, como a Cloudera[18], que simplifica a tarefa de instalar e executar um sistema Hadoop, bem como oferecer serviços de treinamento e suporte.

Atualmente, o Hadoop é o sistema mais usado para fornecer armazenamento e processamento de dados em hardware. Quase todas as grandes empresas do mundo da Internet o utilizam e, como é uma plataforma livre as modificações feitas no software por engenheiros especializados da Amazon e Google, por exemplo, são realimentadas à comunidade de desenvolvimento, onde são frequentemente usados para melhorar o produto "oficial".

----

[18] https://www.cloudera.com/. A plataforma da Cloudera usa análises e aprendizado de máquina para gerar insights de dados por meio de uma conexão segura. A plataforma da Cloudera funciona em arquiteturas híbridas, em várias nuvens e no local e fornece análises multifuncionais em todo o ciclo de vida de dados de Inteligência Artificial.

Essa forma de desenvolvimento colaborativo entre usuários voluntários e comerciais é uma característica fundamental do software de código aberto.

5.1   Qual a relação entre Hadoop e Big Data?

O Hadoop é utilizado para processar cargas de trabalho de Big Data por ser altamente escalável. Para aumentar a capacidade de processamento do cluster do Hadoop é possível adicionar mais servidores com os recursos de CPU e memória necessários para atender às necessidades.

O Hadoop proporciona um alto nível de durabilidade e disponibilidade, enquanto continua processando em paralelo cargas de trabalho analíticas computacionais. A combinação de disponibilidade, durabilidade e escalabilidade de processamento torna o Hadoop a escolha ideal para cargas de trabalho de maior quantidade de dados.

Algumas vantagens do Hadoop são:

- Velocidade e agilidade maiores.

- Complexidade administrativa reduzida.

- Integração com outros serviços na nuvem.

- Disponibilidade e recuperação de desastres melhoradas.

- Capacidade flexível.

Embora as vantagens superem as desvantagens, o Hadoop também possui
problemas. Como os dados são armazenados em blocos, tarefas de consulta terão que buscar todos os blocos, para montar o arquivo, tornando o acesso aos dados problemático.

Alguns algoritmos analíticos também podem não executar de forma apropriada no Hadoop, uma vez que podem requerer uso de instruções específicas da CPU.

A segurança é outro ponto crítico no Hadoop, que vem ganhando cada vez
mais atenção dos desenvolvedores do framework. O ideal é implementar o protocolo Kerberos[19] para efetuar os processos básicos de segurança dentro dos clusters.

5.2   Arquitetura do Hadoop.

O Hadoop fornece uma arquitetura para que aplicativos MapReduce funcionem de forma distribuída em um cluster de máquinas, organizadas em uma máquina mestre e várias escravo.

Para simplificar o desenvolvimento dessas aplicações, é possível instalar e executar o framework no modo simplificado, utilizando apenas uma máquina (que irá simular um ambiente paralelizável/distribuído).

O Hadoop é composto de módulos, sendo que cada um deles carrega uma tarefa essencial para sistemas de computador desenhados para a análise de dados.

Diversos outros procedimentos, bibliotecas ou recursos passaram a ser considerados parte do "framework" do Hadoop nos últimos anos, mas o Hadoop Distributed File System, o Hadoop MapReduce, o Hadoop Common e o Hadoop YARN são os quatro principais.

---

[19] Kerberos é um protocolo desenvolvido para fornecer autenticação em aplicações usuário/servidor. Ele funciona como a terceira parte neste processo, oferendo autenticação certificada ao usuário.

Os módulos centrais do Hadoop são:

1. Distribuição de sistemas de arquivo (Hadoop Distributed File System).

> Esse módulo é um dos mais importantes pois permite que os dados sejam armazenados em um formato simples e acessível, entre um grande número de dispositivos de armazenamento linkados.

> O "sistema de arquivos" é o método usado por um computador para armazenar dados que podem ser encontrados e utilizados. Normalmente, isso é determinado pelo sistema operacional do computador, no entanto, um sistema Hadoop usa seu próprio sistema de arquivos que fica "acima" do sistema de arquivos do computador host, o que significa que pode ser acessado usando qualquer computador com sistema operacional compatível.

2. MapReduce.

> O MapReduce recebe esta denominação a partir das duas operações básicas realizadas pelo módulo:

> 1. Ler dados do banco de dados, colocando-os em um formato adequado para análise, o mapa; e,

> 2. realizar operações matemáticas, por exemplo ao contar o número de homens com mais de 30 anos em um banco de dados de clientes, a redução.

> É o MapReduce que garante as ferramentas para explorar dados de diversas formas.

3. Hadoop Common.

> Fornece as ferramentas (em Java) necessárias para os sistemas de computador do usuário (Windows, Unix ou qualquer outro) lerem dados armazenados no sistema de arquivos do Hadoop.

4. YARN[20]

O módulo final é o YARN, que gerencia os recursos dos sistemas que armazenam os dados e executam a análise.

5.2.1 Componentes adicionais.

Além dos módulos principais, há outros projetos na comunidade Apache que adicionam funcionalidades ao Hadoop, como:

- Ambari. Ferramenta baseada na Web para o suporte, gerenciamento e monitoramento de outros módulos Hadoop, como HDFS, mapreduce, Hive, hcatalog, hbase, *Zookeeper*, Oozie, *Pig* e *Sqoop* .

- Avro. Sistema de serialização de dados.

- Cassandra. Banco de dados escalável, com tolerância a falhas.

- Flume e Chukwa. Sistemas que tratam da coleta de ocorrências (logs) para o monitoramento do Hadoop.

- Hbase. Banco de dados escalável e distribuído que suporta o armazenamento de dados estruturados para grandes tabelas.

- Hive. Infraestrutura de DW que fornece sumarização de dados e consultas *ad hoc*.

- Mahout. Sistema para desenvolvimento de aplicações de aprendizagem de máquina e biblioteca com funções de mineração de dados.

---

[20] YARN - Yet Another Resource Negotiator.

- Pig. fornece uma linguagem de consulta de alto nível (*Pig latin*) orientada a fluxo de dados, e uma estrutura de execução para computação paralela.

- *Zookeeper*. Serviço de coordenação de alto desempenho para aplicações distribuídas.

5.3   Processos da arquitetura do Hadoop.

Para que o Hadoop funcione, são necessários cinco processos: *NameNode*, *DataNode*, Secondary*NameNode*, JobTracker e TaskTracker. Os três primeiros são integrantes do modelo de programação MapReduce, e os dois últimos do sistema de arquivo HDFS. Os componentes *NameNode*, JobTracker e Secondary*NameNode* são únicos para toda a aplicação, enquanto o *DataNode* e TaskTracker são instanciados para cada máquina do cluster.

Considerando os dois principais componentes do Hadoop (MapReduce e HDFS), a arquitetura básica será explica a seguir.

5.3.1   Hadoop Distributed File System.

O Hadoop Distributed File System (HDFS) é uma abordagem versátil, resiliente e agrupada para gerenciar arquivos em um ambiente de Big Data. É um sistema de arquivos distribuído, projetado para armazenar arquivos muito grandes, com padrão de acesso aos dados em streaming, utilizando clusters de servidores facilmente encontrados no mercado e de baixo ou médio custo.

O HDFS não é recomendado para aplicações que precisem de acesso rápido a um determinado registro e sim para aplicações nas quais é necessário ler uma quantidade muito grande de dados. Outra questão que deve ser observada é que não deve ser utilizado para ler muitos arquivos pequenos, tendo em vista o overhead de memória envolvido.

Metadados são definidos como "dados sobre dados". Designers de software têm utilizado metadados durante décadas sob vários nomes, tais como dicionário de dados, metadados diretório, e mais recentemente, *tags*[21].

Os metadados no HDFS são *templates*[22] para fornecer uma descrição detalhada dos seguintes dados:

- Quando o arquivo foi criado, acessado, modificado e excluído.

- Onde os blocos do arquivo estão armazenados no *cluster*.

- Quem tem autorização de acesso para ver ou modificar o arquivo.

- Quantos arquivos estão armazenados no *cluster*.

- Quantos DataNodes existem no *cluster*.

- A localização da log de transação para o *cluster*.

Os metadados do HDFS são armazenados no *NameNode*, e enquanto o conjunto está operando, todos os metadados são carregados para a memória física do servidor *de NameNodes*.

Para obter o melhor desempenho, o servidor *NameNode* deve ter muita memória física e, idealmente, muitos discos de estado sólido. Em relação ao desempenho, quanto mais, melhor.

---

[21] As tags são palavras que servem como etiqueta e ajudam a organizar informações, agrupando aquelas que receberam a mesma marcação, facilitando encontrar outras relacionadas.

[22] Um template é um modelo a ser seguido, com uma estrutura predefinida que facilita o desenvolvimento e criação do conteúdo a partir de algo construído a priori.

O HDFS possui o conceito de blocos, tal como no Unix, mas seus blocos normalmente têm tamanho de 64MB. Um arquivo muito grande pode ter blocos armazenados em mais de um servidor. Com este conceito de blocos de tamanho fixo fica mais fácil calcular as necessidades de armazenamento.

O HDFS tem 2 tipos de Nós:

- *NameNode* (ou *Master*). Armazena informações da distribuição de arquivos e metadados.

- *DataNode* (ou *Worker*). Armazena os dados propriamente ditos.

Assim o *NameNode* precisa sempre estar disponível. Para garantir a disponibilidade é possível se ter um backup, similar ao *Cold Failover*, ou ter um Master Secundário em um outro servidor. Nesta segunda opção, em caso de falha do primário, o secundário pode assumir o controle muito rapidamente.

Como no processamento de Big Data os dados são escritos uma vez e, em seguida, lidos muitas vezes, em vez do constante grava-lê de outros processamentos de dados, o HDFS é uma excelente escolha para apoiar a análise de grande quantidade de dados.

5.3.1.1 NameNode.

Responsável por gerenciar os dados armazenados no HDFS, registrando as informações sobre quais *DataNodes* são responsáveis por quais blocos de dados de cada arquivo, organizando todas essas informações em uma tabela de metadados.

Suas funções incluem mapear a localização, realizar a divisão dos arquivos em blocos, encaminhar os blocos aos nós escravos, obter os metadados dos arquivos e controlar a localização de suas réplicas.

Como o *NameNode* é constantemente acessado, por questões de desempenho, ele mantém todas as suas informações em memória. Ele integra o sistema HDFS e fica localizado no nó mestre da aplicação, juntamente com o *jobtracker*

Os nós de dados não são muito inteligentes, mas o *NameNode* é. Os nós de dados perguntam constantemente ao *NameNode* se há algo para eles fazerem. Este monitoramento contínuo também informa ao *NameNode* quais nós estão parados e qual é seu o nível de sobrecarga dos nós que estão operacionais.

Os nós de dados também se comunicam para que possam cooperar durante as operações normais do sistema de arquivos. Isto é necessário porque os blocos de um arquivo normalmente estão armazenados em vários nós.

Uma vez que o *NameNode* é tão crítico para a correta operação do cluster, ele pode ser duplicado para proteger o processamento contra um ponto de falha.

5.3.1.2   DataNode.

Responsável pelo armazenamento do conteúdo dos arquivos nos computadores escravos. Como o HDFS é um sistema de arquivos distribuído, é comum a existência de diversas instâncias de *DataNode* em uma aplicação hadoop, permitindo que os arquivos sejam particionados em blocos e então replicados em máquinas diferentes.

Um *DataNode* poderá armazenar múltiplos blocos, inclusive de diferentes arquivos, entretanto, eles precisam se reportar constantemente ao *NameNode*, informando-o sobre as operações que estão sendo realizadas nos blocos.

Os *DataNodes* não são inteligentes, mas são resilientes. Dentro do *cluster* HDFS, blocos de dados são replicados em vários nós de dados e o acesso é gerenciado pelo *NameNode*. O mecanismo de replicação é projetado para eficiência ideal quando todos os nós do *cluster* são coletados em um *rack*.

Na verdade, o *NameNode* usa uma "ID de rack" para rastrear os nós de dados no *cluster*. Os *cluster*s HDFS às vezes são chamados de "clientes de rack". Os nós de dados também fornecem mensagens de "pulso" para detectar e garantir a conectividade entre o *NameNode* e os nós de dados.

Quando um pulso não é detectado, o *NameNode* retira o mapeamento do nó de dados do *cluster* e continua a operar como se nada tivesse acontecido. Quando o pulso retorna, ou um novo pulso aparece, o nó é adicionado ao cluster de forma transparente para o usuário ou a aplicação.

Como acontece com todos os sistemas de arquivos, a integridade dos dados é um recurso fundamental. O HDFS oferece suporte a vários recursos projetados para fornecer integridade de dados. Como se poderia esperar, quando os arquivos são divididos em blocos e, em seguida, distribuídos em diferentes servidores no *cluster*, qualquer variação na operação de qualquer elemento poderia afetar a integridade dos dados. O HDFS usa logs de transações e validação de soma de verificação para garantir a integridade em todo o *cluster*.

As logs de transações são uma prática muito comum no design de sistema de arquivos e banco de dados. Eles mantêm o controle de cada operação e são eficazes na auditoria ou reconstrução do arquivo de sistema se algo desagradável ocorrer.

As validações de soma de verificação são usadas para garantir o conteúdo dos arquivos no HDFS. Quando um cliente solicita um arquivo, ele verifica os conteúdos examinando a soma de verificação. Se a soma de verificação estiver correta, a operação do arquivo pode continuar. Caso contrário, um erro é relatado. Os arquivos de soma de verificação estão ocultos para ajudar a evitar adulteração.

Os *DataNodes* usam discos locais no servidor de commodity para persistência. Todos os blocos de dados são armazenados localmente, principalmente por motivos de desempenho.

5.3.2   Hadoop MapReduce.

O MapReduce foi projetado pela Google com o objetivo principal de processar uma grande quantidade de dados em lote, com eficiência superior, utilizando um determinado conjunto de funções.

Um componente conhecido como "mapa" distribui a execução de partes ou segmentos dos programas e controla o sequenciamento da execução das tarefas de modo a gerenciar as conclusões parciais interdependentes e a recuperação de falhas.

Após a conclusão da computação distribuída entra em ação uma outra função conhecida como "reduzir" que agrega novamente todos os elementos para finalmente fornecer um resultado.

Um exemplo muito simples de utilização do MapReduce é a contagem de palavras em um número grande de documentos diferentes. Sem utilizar o MapReduce, o desenvolvedor teria que resolver uma série de problemas que são inerentes ao processamento paralelo de dados.

Para compreender os recursos do Hadoop MapReduce, precisamos diferenciar entre MapReduce (o algoritmo) e uma implementação de MapReduce. O Hadoop MapReduce é uma implementação do algoritmo desenvolvido e mantido pelo Apache Hadoop projeto.

A melhor forma de interpretar esta aplicação é visualizá-la como um motor MapReduce, porque é exatamente assim que ela funciona. A partir dos dados fornecidos em uma entrada, o combustível, o motor converte os mesmos em saída de forma rápida e eficiente.

O Hadoop MapReduce inclui vários estágios, cada um com um conjunto importante de operações que são executadas para alcançar o objetivo principal de produzir as repostas do Big Data, alcançando o objetivo do cliente.

O processo começa com um pedido do usuário para executar um programa MapReduce e continua até que os resultados produzidos são enviados para o HDFS.

HDFS e MapReduce realizam seu trabalho em nós em um *cluster* hospedado em racks de servidores de *commodities*. Para simplificar a questão, o diagrama mostra apenas dois nós.

Quando um cliente solicita a execução de um programa MapReduce, a primeira etapa é localizar e ler o arquivo de entrada que contém os dados brutos. O formato do arquivo é completamente aleatório, mas os dados devem ser convertidos para algo que o programa é capaz de processar. Estas são as funções executadas pelo *InputFormat* e *RecordReader* (RR).

A função InputFormat decide como o arquivo será quebrado em pequenos pedaços para processamento usando uma função chamada *InputSplit*. Em seguida, ele atribui um *RecordReader* para transformar os dados brutos para processamento pelo mapa.

O mapa tem duas entradas: uma chave e um valor. Vários tipos de *RecordReaders* são fornecidos com o Hadoop, oferecendo uma ampla variedade de opções de conversão. Esse recurso é uma das maneiras que o Hadoop utiliza para gerenciar a grande variedade de tipos de dados encontrados em problemas de Big Data.

Os dados estão agora em uma forma aceitável para mapear. Para cada par de entrada, uma instância distinta de mapa é chamada para processar os dados. Mas o que é que ele faz com a saída processada, e como se pode saber o que ele está fazendo? O mapa tem dois recursos adicionais para responder a essas perguntas.

Como *Map* e *Reduce* precisam trabalhar em conjunto para processar os dados, o programa precisa coletar a saída dos mapeadores independentes e passar para os redutores. Esta tarefa é realizada por um *OutputCollector*.

A função *Reporter* também fornece informações coletadas de tarefas de mapa para que se saiba quando ou se as tarefas de mapa estão concluídas. Esta tarefa é executada por um OutputCollector.

Todos estes trabalhos estão sendo realizados em vários nós no *cluster* Hadoop simultaneamente. É possível haver casos em que as saídas de determinado processo de mapeamento precisam ser acumuladas antes que a redução seja iniciada. Ou casos em que alguns dos resultados intermediários podem precisar ser processados antes da redução.

Além disso, parte dessa saída pode estar em um nó diferente do nó onde os redutores para aquela saída específica serão executados. A reunião e o embaralhamento de resultados intermediários são executados por um particionador e um classificador.

As tarefas de mapeamento entregarão os resultados a uma partição específica como entradas para tarefas de redução. Após todas as tarefas do mapa serem concluídas, os resultados intermediários são reunidos na partição e ocorre um embaralhamento, classificando a saída para processamento ideal por redução.

Para cada par de saída a redução é chamada para realizar sua tarefa. De maneira semelhante para mapear, a redução reúne sua saída enquanto todas as tarefas estão sendo processadas.

A redução não pode começar até que todo o mapeamento seja feito e não é concluído até que todas as instâncias estejam completas. A saída de reduzir também é uma chave e um valor. Enquanto isso é necessário para que a redução possa realizar seu trabalho, pode não ser o formato de saída mais eficaz para seu aplicativo.

O Hadoop fornece o recurso *OutputFormat que* funciona de forma muito semelhante ao *InputFormat*. O *OutputFormat* leva o par de valores-chave e organiza a saída para gravação no HDFS.

A última tarefa é realmente gravar os dados no HDFS. Isso é realizado pelo *RecordWriter* e tem um desempenho semelhante ao *RecordReader*. Ele leva os dados ao *OutputFormat* e grava no HDFS no formato necessário para os requisitos do programa de aplicação.

A coordenação de todas essas atividades era gerenciada em versões anteriores do Hadoop por um agendador de tarefas. Este programador era rudimentar, e como o mix de postos de trabalho mudou e cresceu, constatou-se que uma abordagem diferente era necessária.

A principal deficiência do agendador antigo era a falta de gerenciamento de recursos. A versão mais recente do Hadoop tem essa nova funcionalidade.

Hadoop MapReduce é o coração do sistema Hadoop. Ele fornece todos os recursos necessários para quebrar grandes dados em pedaços gerenciáveis, processar os dados em paralelo em seu *cluster* distribuído, e em seguida, disponibilizar os dados para o usuário.

E ele faz tudo este trabalho em um ambiente altamente tolerante a falhas. O ecossistema do Hadoop é um conjunto de ferramentas crescente e de tecnologias destinadas especificamente para segmentar grandes conjuntos de dados.

5.4   Hadoop e seu ecossistema.

Hadoop MapReduce e Hadoop Distributed File System (HDFS) são tecnologias poderosas projetadas para lidar com os desafios de grandes conjuntos de dados. Essa é a boa notícia. A má notícia é que sua empresa realmente precisa ter uma equipe de programadores ou cientistas de dados para obter o máximo desses componentes elementares.

Desenvolvedores comerciais e de código aberto em todos em todo o mundo vêm construindo e testando ferramentas para aumentar a adoção e usabilidade do Hadoop. Muitos estão trabalhando em partes do ecossistema e oferecendo suas melhorias de volta ao projeto

Apache. Este fluxo constante de correções e melhorias ajuda a impulsionar todo o ecossistema de uma forma controlada e segura.

Enfrentar o desafio de processar grandes conjuntos de dados sem uma super caixa de ferramentas repleta de tecnologias e serviços é como tentar esvaziar o oceano com uma colher. Como componentes principais, o Hadoop MapReduce e o HDFS estão sendo constantemente aprimorados e fornecem ótimos pontos de partida, mas algo mais é necessário.

O ecossistema Hadoop fornece uma coleção cada vez maior de ferramentas e tecnologias criadas especificamente para facilitar o desenvolvimento, a implantação e o suporte de soluções de Big Data. Antes de focarmos nos componentes-chave do ecossistema vamos detalhar o ecossistema Hadoop e o papel que ele desempenha no palco do Big Data.

Nenhum edifício é estável sem uma fundação. Embora importante, a estabilidade não é o único critério importante em um edifício. Cada parte do edifício deve colaborar para o propósito final. As paredes, pisos, escadas, a rede elétrica, o encanamento e o telhado necessitam se complementar, cada um confia no outro e todos confiam na fundação para suporte e integração.

O mesmo acontece com o ecossistema Hadoop. Eles fornecem a estrutura básica e os serviços de integração necessários para oferecer suporte aos principais requisitos de soluções de Big Data. O restante do ecossistema fornece os componentes necessários para construir e gerenciar aplicativos de Big Data orientados para dados do mundo real.

Na ausência do ecossistema, caberia aos desenvolvedores, administradores de banco de dados, gerentes de sistema e de rede estruturar seu próprio ecossistema composto por um conjunto de tecnologias para construir e implantar soluções de Big Data.

Este é o caso quando as empresas desejam adaptar tecnologias novas e tendências emergentes. A tarefa de juntar tecnologias em um novo mercado é assustador. É por isso que o ecossistema Hadoop é tão fundamental para o sucesso de Big Data. É a coleção mais abrangente de ferramentas e tecnologias disponível hoje para enfrentar os desafios de Big Data. O ecossistema facilita a criação de novas oportunidades para a adoção generalizada de Big Data pelas empresas.

O agendamento e o rastreamento de tarefas são partes integrantes do Hadoop MapReduce.

5.4.1 YARN = ResourceManager + ApplicationMaster.

O YARN, conforme visto anteriormente, é um dos quatro módulos principais do Hadoop e disponibiliza os seguintes serviços:

- Gerenciamento global de recursos (*ResourceManager*)

- Gerenciamento por aplicativo (*ApplicationMaster*)

A inteligência do trabalho e da colaboração no YARN é a seguinte:

- O ResourceManager é um NodeManager de gerenciamento e controle central em cada um dos nodos de um cluster Hadoop.

- Nele está incluído o Scheduler, cuja única tarefa é alocar recursos do sistema para executar aplicativos específicos. Ele não é responsável por monitorar ou controlar o status dos aplicativos.

- Todas as informações necessárias para o sistema executar suas tarefas ficam armazenadas no Resource Container, tais como as informações de consumo de CPU, discos e rede pelas aplicações em execução no nó e no cluster.

- Cada nó tem um NodeManager escravo do conjunto de ResourceManager no cluster.

- Os NodeManager monitoram o consumo de CPU, disco, rede e memória e enviam estas informações para o ResourceManager.

- Para cada aplicação em execução no nó há um ApplicationMaster correspondente.

- Se mais recursos são necessários para sustentar a aplicação em execução, o ApplicationMaster notifica o NodeManager que negocia recursos adicionais com o Scheduler no ResourceManager para a aplicação ou negocia com o Scheduler no ResourceManager a liberação de recursos adicionais para a aplicação.

- O NodeManager é responsável também pelo monitoramento do progresso da execução dos aplicativos no nó.

5.4.2   HBase – dados colunares fazendo a diferença.

O HBase[23] é um banco de dados distribuído e não relacional que utiliza o HDFS como seu armazenamento de persistência. Ele foi projetado a partir do Google BigTable e é capaz de hospedar tabelas muito grandes, com milhares de milhões de colunas e linhas. Esta capacidade é derivada de sua estrutura que é baseada nas camadas dos clusters Hadoop.

O HBase fornece acesso de leitura e gravação aleatório aos dados, em tempo real, para o Big Data. Ele é altamente configurável, proporcionando grande flexibilidade para lidar com grandes quantidades de dados. O HBase é um banco de dados colunar em que

---

[23] HBase é um banco de dados distribuído open-source orientado a coluna, modelado a partir do Google BigTable e escrito em Java.

todos os dados são armazenados em tabelas com linhas e colunas semelhantes aos RDBMSs.

A interseção de uma linha e uma coluna é chamada de célula. A diferença principal entre as tabelas HBase e as tabelas RDBMS é o controle de versão. Cada célula inclui um atributo *version*[24], que é um registro de data/hora que identifica unicamente a célula. O controle de versão rastreia as mudanças na célula e torna possível recuperar qualquer versão do conteúdo, caso seja necessário.

O HBase armazena os dados em células em ordem decrescente (usando o carimbo de data/hora), portanto, uma leitura sempre encontrará os valores mais recentes primeiro.

As colunas no HBase são organizadas em família de colunas. O nome da família é usado como um prefixo para identificar os membros de sua família. Por exemplo, cor: branco e cor: azul são membros da família cores.

As implementações do HBase estão organizadas por família de colunas, o que torna importante se ter plena consciência de como os dados estão sendo acessados e do quão grande as colunas podem ser.

As linhas nas tabelas do HBase também têm uma chave associada a elas. A estrutura de chaves é muito flexível. A chave pode ser um valor calculado, um texto ou até mesmo outra estrutura de dados. A chave é usada para controlar o acesso às células na linha e elas são armazenadas em ordem crescente de valor.

Todos esses recursos juntos constituem o esquema. O esquema é definido e criado antes que qualquer dado possa ser armazenado. Mesmo assim, as tabelas podem ser alteradas e novas famílias de colunas podem ser adicionadas após o banco de dados estar instalado

---

[24] Do inglês versão, versionamento.

e funcionando. Essa extensibilidade é extremamente útil ao lidar com Big Data porque nem sempre é possível saber com antecedência qual é a variedade de seus fluxos de dados.

5.4.3   Hive - Mineração de Big Data.

O Hive é uma camada de armazenamento de dados orientada por lote, construída sobre os elementos centrais do Hadoop, HDFS e MapReduce. Ele fornece aos usuários que dominam o SQL uma implementação simples de SQL-lite chamada HiveQL sem sacrificar o acesso por meio de mapeadores e redutores.

Com o Hive, é possível obter o melhor dos dois mundos: acesso a dados estruturados via SQL a e análise sofisticada de Big Data com MapReduce.

Ao contrário da maioria dos Data Warehouses, o Hive não foi projetado para respostas rápidas a consultas. Na verdade, as consultas podem demorar vários minutos ou mesmo horas, dependendo da complexidade.

O Hive é melhor usado para dados de mineração e análises mais profundas que não exigem respostas em tempo real porque ele depende da fundação Hadoop. Mas ele apresenta vantagens significativas, tais como ser extensível, escalável, e resistente, algo que a média dos Data Warehouses não é.

O Hive usa três mecanismos para organização de dados:

- Tabelas.

As tabelas aqui são as mesmas dos RDBMS, mapeadas para diretórios no sistema de arquivos do Hadoop HDFS. Além disso, ele oferece suporte a tabelas armazenadas em outros sistemas de arquivos nativos.

- Partições.

Uma tabela no Hive pode suportar uma ou mais partições. Estas partições são mapeadas para subdiretórios no sistema de arquivos e representam a distribuição de dados de toda a tabela. Por exemplo, se a tabela é chamada de hotéis, com uma chave de valor de 12345 e uma rede de valor Hilton, o caminho para a partição iria ser / hivewh / hotéis / kv = 12345 / Hilton.

- Buckets.

Os dados são organizados em buckets, que são armazenados como arquivos na partição de diretório no sistema de arquivos. Os buckets são baseadas em *hash* de uma coluna na tabela.

Os metadados do Hive são armazenados externamente em uma estrutura conhecida como *metastore*. O *metastore* é um banco de dados relacional contendo as descrições detalhadas dos esquemas do Hive, incluindo colunas, tipos, proprietários, dados de chave e valor e tabelas estatísticas. O *metastore* é capaz de sincronizar o catálogo de dados com outros serviços de metadados no ecossistema do Hadoop.

5.4.4   Pig e Pig Latin.

O poder e a flexibilidade do Hadoop para dados grandes são imediatamente visíveis para os desenvolvedores de software porque o ecossistema Hadoop foi construído por desenvolvedores para desenvolvedores.

No entanto, nem todo mundo é um desenvolvedor de software. O *Pig* foi projetado para tornar o Hadoop mais acessível e utilizável por não desenvolvedores.

Pig é um ambiente interativo, baseada em scripts. Apoiando a execução do *Pig* temos *Pig Latin*. Uma linguagem utilizada para expressar os fluxos de dados. A linguagem *Pig Latin* tem a responsabilidade de realizar o carregamento e o processamento de dados de entrada com uma série de operadores que transformam os dados de entrada na saída desejada.

O ambiente de execução *Pig* tem dois modos:

- Modo local em que todos os scripts são executados em uma única máquina. Hadoop *MapReduce* e HDFS não são necessários.

- Hadoop. Também chamado de modo *MapReduce*, todos os scripts são executados em um determinado cluster Hadoop.

Em seu interior o *Pig* cria um conjunto de mapas e tarefas de redução. Desse modo o usuário não precisa se preocupar em escrever código, compilar pacotes, reempacotar, apresentar e recuperar os resultados. Em muitos aspectos, *Pig* é análogo ao SQL no mundo RDBMS.

A linguagem *Pig Latin* fornece uma forma abstrata para obter respostas de Big Data, concentrando-se nos dados e não na estrutura de um programa de software personalizado.

O *Pig* simplifica muito as tarefas de prototipação. Como exemplo podemos citar o caso em que se precisa executar um script *Pig* em uma pequena parte do seu ambiente de Big Data para garantir que os resultados são aqueles que se deseja antes de se comprometer a processar todos os dados.

Os programas *Pig* podem ser executados de três maneiras diferentes, todas compatíveis com modo local e Hadoop:

1. *Script*. Um arquivo contendo comandos P*ig*, identificados pelo sufixo. pig. Por exemplo, arquivo.pig ou meuscript.pig. Os comandos são interpretados pelo *Pig* e executados em ordem sequencial.

2. Grunt. O Grunt é um interpretador de comandos. Você pode digitar *Pig Latin* na linha de comando do Grunt e ele executará o comando de acordo com o resultado que se espera. Isso é

muito útil para prototipagem e cenários hipotéticos.

3. Incorporado. Os programas *Pig* podem ser executados como parte de um programa Java.

O *Pig Latin* tem uma sintaxe muito rica. Suporta operadores para as seguintes operações:

- Carregar e armazenar dados.

- Gerar streaming de dados.

- Filtrar dados.

- Agrupar e unir dados.

- Classificar dados.

- Combinar e dividir dados.

O *Pig Latin* também oferece suporte a uma ampla variedade de tipos, expressões, funções, diagnósticos operadores, macros e comandos do sistema de arquivos. Para obter mais exemplos, visite o site do *Pig* em Apache.com[25]. É um rico recurso que fornecerá todos os detalhes.

5.4.5 Sqoop.

Muitas empresas armazenam informações em RDBMSs e bancos de dados e é comum precisarem de um meio de mover os dados de um para o outro ou destes bancos de dados para Hadoop.

---

[25] pig.apache.org.

Embora às vezes seja necessário mover os dados em tempo real o mais comum é carregar ou descarregar dados em massa. O *Sqoop, SQL-to-Hadoop*, é uma ferramenta que oferece a capacidade de extrair dados de bancos de dados não Hadoop, transformá-los para uma forma utilizável pelo Hadoop e em seguida carregá-los no HDFS.

Esse processo é denominado ETL, para *Extract, Transform* e *Load*. Tanto quando receber os dados no Hadoop é crítico para o processamento usando MapReduce também é fundamental obter dados de fontes de dados externas do Hadoop para uso em outros tipos de aplicação. O *Sqoop* é capaz de fazer isso muito bem.

Assim como o Pig, o Sqoop é um interpretador de linha de comando. Digita-se comandos Sqoop no interpretador e eles são executados um de cada vez. O Sqoop tem quatro características principais:

- Importação em massa. O Sqoop pode importar tabelas individuais ou bancos de dados inteiros em HDFS. Os dados são armazenados nos diretórios e arquivos nativos no Sistema de arquivos HDFS.

- Entrada direta. O Sqoop pode importar e mapear bancos de dados SQL (relacionais) diretamente no Hive e no HBase.

- Interação de dados. O Sqoop pode gerar classes Java para que se possa interagir com os dados programaticamente.

- Exportação de dados. O Sqoop pode exportar dados diretamente do HDFS para um banco de dados relacional definindo a tabela gerada com base na das especificações do banco de dados de destino.

O Sqoop funciona examinando o banco de dados que se deseja importar e selecionando uma função de importação apropriada para os dados de origem. Depois de reconhecer a entrada, ele então lê os metadados da tabela (ou banco de dados) e cria uma definição de classe de seus requisitos de entrada.

É possível forçar o Sqoop a ser seletivo para que se obtenha apenas as colunas que se está procurando antes da entrada, em vez de trazer uma tabela inteira e, em seguida, procurar seus dados. Isso pode economizar bastante tempo.

A importação real do banco de dados externo para o HDFS é realizada por um trabalho MapReduce criado nos bastidores por Sqoop. O Sqoop é outra ferramenta eficaz para não programadores.

Um ponto importante a ser observado é que se deve confiar em tecnologias como HDFS e MapReduce. Isto acontece com todos os elementos do ecossistema Hadoop.

5.4.6   Zookeeper.

O recurso que é o trunfo do Hadoop para lidar com os desafios de *Big Data* é sua filosofia de dividir para conquistar. Após o problema ter sido dividido, a conquista baseia-se na capacidade de empregar técnicas de processamento paralelo e distribuído no *cluster* Hadoop.

Para alguns problemas de *Big Data*, as ferramentas interativas são incapazes de fornecer dados confiáveis ou a oportunidade necessária para tomar decisões de negócios. Nesses casos, é necessário separar os aplicativos em tarefas distribuídas para resolver esses problemas. O Zookeeper é a maneira Hadoop de coordenar todos os elementos desses aplicativos distribuídos

O Zookeeper como tecnologia é realmente simples, mas seus recursos são poderosos. Indiscutivelmente, seria difícil, senão impossível, criar aplicativos Hadoop distribuídos resilientes e tolerantes a falhas sem ele.

Algumas das capacidades de *Zookeeper* são:

- Sincronização do processo. O *Zookeeper* coordena o início e a parada de vários nós no *cluster*. Isto garante que todo o processamento ocorra na ordem pretendida. Quando um grupo de processos inteiro é concluído, então, e somente então, o processamento subsequente pode ocorrer.

- Gerenciamento de configuração. O *Zookeeper* pode ser usado para enviar atributos de configuração para qualquer ou todos os nós no *cluster*. Quando o processamento é dependente de recursos particulares que estão disponíveis em todos os nós o *Zookeeper* garante a consistência das configurações.

- Auto eleição. O *Zookeeper* compreende a composição do grupo e pode atribuir uma função "líder" a um dos nós. Este líder lida com todas as solicitações do cliente em nome do *cluster*. Caso o nó líder falhe outro líder irá ser eleito a partir dos nós restantes.

- Mensagens confiáveis. Mesmo que as cargas de trabalho no *Zookeeper* sejam pouco acopladas ainda há uma necessidade de comunicação entre os nós no conjunto específico para a distribuição de aplicativos. O *Zookeeper* oferece um recurso de publicação e assinatura que permite a criação de uma fila. Esta fila garante a entregas das mensagens mesmo em caso de falha no nó.

Como o *Zookeeper* gerencia componentes variados, tais como grupos de nós e aplicativos distribuídos ele é melhor implementado em racks. A razão é simples. O *Zookeeper* precisa ter um bom desempenho, ser resiliente e tolerante a falhas em um nível acima do próprio cluster. Como um cluster Hadoop já é muito tolerante a falhas, com a atuação do *Zookeeper* ele irá se recuperar sozinho.

O *Zookeeper* só precisa se preocupar com sua própria tolerância a falhas. O ecossistema Hadoop e as distribuições comerciais com suporte estão em constante mudança. Novas ferramentas e tecnologias são introduzidas, tecnologias existentes são aprimoradas, e algumas tecnologias são substituídas. Esta é uma das maiores vantagens do código aberto.

Outra é a adoção de tecnologias de código aberto por empresas comerciais. Essas empresas aprimoram os produtos, tornando-os melhores para todos, oferecendo suporte e serviços a um custo modesto. Foi assim que o ecossistema Hadoop evoluiu e se tornou uma boa escolha para ajudar a resolver o desafio de *Big Data* da sua empresa.

5.5   Apache Hadoop em Resumo.

1. Desenvolvimento Chave de Subprojetos

2. Apache SADH[26]. O sistema de armazenamento primário, que utiliza múltiplas réplicas de blocos de dados, realiza a distribuição através dos nós de um cluster e fornece elevado acesso aos dados do aplicativo.

3. Apache Hadoop MapReduce. Um modelo de programação e estrutura de software para aplicações que executa processamento distribuído de grandes conjuntos de dados em clusters de computação.

4. Apache Hadoop Common. Utilitários que suportam a estrutura Hadoop, incluindo Sistemas de Arquivos (uma classe de base abstrata para um sistema genérico de arquivos), chamadas de procedimento remoto (CPR), e bibliotecas de serialização.

5. Apache Avro. Sistema de serialização de dados.

6. Apache Cassandra. Banco de dados escalável sem ponto único de falha.

7. Apache Chukwa. Sistema de coleta de dados para monitoramento de sistemas. distribuídos construídos com base no SADH e

---

[26] Sistema de Arquivos Distribuídos Hadoop.

MapReduce. Inclui uma ferramenta para exibição, monitoramento e análise de resultados.

8. Apache HBase. Banco de dados escalável e distribuído que suporta armazenamento de dados estruturados para grandes tabelas. Utilizado para acesso randômico de leitura e gravação de Big Data em tempo real.

9. Apache Hive. Infraestrutura de sistema de armazenamento de dados que oferece resumo, perguntas ad hoc e análise de grandes conjuntos de dados em sistemas de arquivos compatíveis com arquivos Hadoop.

10. Apache Mahout. Uma biblioteca escalável de aprendizagem de máquina e data mining com implementação de uma grande série de algoritmos, incluindo formação de clusters, classificação, filtragem colaborativa e padrão de mineração frequente.

11. Apache Pig. Uma estrutura de linguagem e execução de fluxo de dados de alto nível para expressão de análise de dados em paralelo.

12. Apache *ZooKeeper*. Um serviço de coordenação centralizada de alta performance que mantém informações de configuração e nomenclatura e fornece sincronização distribuída e serviços em grupo para aplicações distribuídas.

6   Big Data Analytics.

Big Data Analytics é uma das *Buzzword*[27] que se tornou um dos chavões mais populares do segmento de TI. É uma combinação de "Big Data" e "Deep Analysis":

* Big Data, conforme já discutido, é fenômeno do aumento no tráfego dos dados viabilizado pela Web2.0, em que muitos dados de transações e atividades do usuário são coletados e podem ser minerados para a extração de informações úteis.

* Analytics é uma abordagem derivada do uso de técnicas matemáticas e estatísticas avançadas para construir modelos a partir dos dados.

Uma característica interessante de Big Data Analytics é que essas duas áreas são bastante diferentes e desconexas e as pessoas que trabalham em cada área têm uma formação bem diferente.

Com a crescente evolução da transformação digital, o Big Data Analytics se tornou uma das tecnologias mais promissoras para o mundo dos negócios. Sua importância está associada a uma série de benefícios, tanto para melhorias de estratégias e processos, quanto para aumento de vendas e receita.

O processamento de Big Data Analytics tem como perfil:

* Geralmente realizado em lotes.

* Usualmente à noite.

  * Uma vez por dia.

---

[27] Buzzword. É o termo pós-moderno que define as palavras que estão "na moda" dentro de certo universo, definindo ou não coisas novas. "Buzzword" também é uma buzzword.

- Normalmente, em diferentes estágios desse processo em lote.

Os elementos da esquerda correspondem ao Big Data. São aplicativos geralmente executados usando a plataforma de tecnologia Hadoop/PIG/Hive com implementação de lógica ETL clássica.

Aproveitando o modelo MapReduce que o Hadoop fornece, podemos escalar linearmente o processamento adicionando mais máquinas ao cluster do Hadoop. Desenhar recursos de computação em nuvem (por exemplo, Amazon EMR) é uma abordagem muito comum para realizar este tipo de tarefas.

A parte da análise profunda, o grupo de elementos da direita, geralmente é feita em R, SPSS, SAS usando uma quantidade muito menor de dados cuidadosamente amostrados que se ajustam à capacidade de uma única máquina. Em geral totalizam menos de algumas centenas de milhares de registros de dados.

A parte de análise profunda geralmente envolve visualização de dados, preparação de dados, aprendizagem de modelo, regressão linear e regularização, K-vizinho mais próximo/máquina de vetor de suporte/rede bayesiana/rede neural, árvore de decisão e métodos de conjunto e a avaliação de modelo.

Não é por acaso que algumas empresas já saíram na frente e investiram US$ 187 bilhões em Big Data Analytics em 2019, de acordo com a IDC[28].

E já é uma certeza no mercado que empresas como Amazon e Google se consolidaram como mestres na análise de Big Data. Elas usam o conhecimento resultante para obter uma vantagem competitiva. Veja o caso do processamento de recomendações de produtos da Amazon.

---

[28] International Data Corporation. https://www.idc.com/

A empresa reúne o histórico de compra do cliente, suas pesquisas e as informações que têm sobre ele para trazer sugestões que têm sempre grande relação com suas necessidades. É uma excelente máquina de marketing, baseada no Big Data Analytics, que tem se mostrado extremamente bem-sucedida.

A capacidade de analisar grandes volumes de dados oferece oportunidades únicas para a empresa, pois é possível sair de uma análise limitada a exemplos ou amostras de dados para grandes conjuntos que traduzem o comportamento do universo completo (Lavalle, 2010).

Evoluindo nos conceitos temos que a análise de Big Data é:

• Uma estratégia baseada em tecnologia que permite a coleta de insights mais profundos e relevantes dos clientes, parceiros e sobre o negócio — ganhando assim uma vantagem competitiva.

• Trabalhar com conjuntos de dados cujo porte e variedade estão além da habilidade de captura, armazenamento e análise de softwares de banco de dados típicos (Helbing, 2015a).

• Processamento de um fluxo contínuo de dados em tempo real, possibilitando tomada de decisões sensíveis ao tempo mais rápido do que em qualquer outra época (Pavlo et al., 2009).

• Distribuído na natureza. O processamento de análise vai aonde estão os dados para maior velocidade e eficiência.

• Um novo paradigma no qual a TI colabora com usuários empresariais e "cientistas de dados" para identificar e implementar análises que ampliam a eficiência operacional e resolvem novos problemas empresariais (Yoon, 2011).

• Transferir a tomada de decisão dentro da empresa e permitir com que as pessoas tomem decisões melhores, mais rápidas e em tempo real.

E que a análise de Big Data não é:

• Só tecnologia. No nível empresarial, refere-se a explorar as amplamente melhoradas fontes de dados para ganhar insights.

• Somente volume. Também se refere à variedade e velocidade. Mas, talvez mais importante, refere-se ao valor derivado dos dados.

• Uma tecnologia utilizada somente por grandes empresas online como Google ou Amazon. Embora as empresas de internet possam ter sido pioneiras no Big Data na escala web, aplicativos chegam a todas as indústrias.

• Uso de bancos de dados relacionais tradicionais "tamanho único" criados com base em disco compartilhado e arquitetura de memória. Análise de Big Data usa uma rede de recursos de computação para processamento maciçamente paralelo (PMP).

• Um substituto de bancos de dados relacionais ou centros de processamento de dados. Dados estruturados continuam a ser de importância crítica para as empresas. No entanto, sistemas tradicionais podem não ter capacidade de manipular as novas fontes e contextos do Big Data (Mcafee et., 2012).

Infelizmente, como sabemos, analisar os grandes volumes de dados é um grande desafio.

Quando se lida com grandes volumes de dados a primeira pergunta a ser feita, antes de mergulhar neste problema, é:

– Qual problema a empresa precisa resolver?

A empresa pode não estar certa em relação ao que é possível fazer com muitos dados, mas já sabe que os dados têm muito potencial e, certamente, padrões podem surgir desses dados antes que se entenda por que eles estão lá.

Este tipo de pensamento vai levar a equipe a ter uma noção do que é possível realizar com os dados. Um exemplo que se aplica a todas as empresas de comércio online é o interesse em prever o comportamento do cliente para evitar a rotatividade.

6.1   Tipos de Big Data Analytics.

O tipo de problema de alto nível vai conduzir o processo de análise de Big Data. Como alternativa, no caso de não se ter certeza dos problemas de negócios, talvez seja necessário examinar as áreas da empresa que precisam de melhoria (Stonebraker, 2012).

Tipos:

1. Análise descritiva.

   As ferramentas desta classe informam às empresas o que aconteceu. Elas criam relatórios e visualizações simples que mostram o que ocorreu em um determinado ponto no tempo ou durante um período. Essas são as ferramentas analíticas menos avançadas.

2. Análise de diagnóstico.

   Ferramentas de diagnóstico que explicam por que algo aconteceu. Mais avançadas do que as ferramentas de relatórios descritivos, elas permitem que os analistas mergulhem fundo nos dados e determinem as causas básicas para uma determinada situação.

3. Análise preditiva.

   Entre as ferramentas de análise de Big Data mais populares disponíveis hoje, as ferramentas de análise preditiva usam algoritmos altamente avançados para prever o que pode acontecer a seguir. Frequentemente, essas ferramentas usam inteligência artificial e tecnologia de aprendizado de máquina.

4. Análise prescritiva.

Um passo acima da análise preditiva, a análise prescritiva diz às empresas o que elas devem fazer para alcançar o resultado desejado. Essas ferramentas exigem recursos de aprendizado de máquina muito avançados, e poucas soluções no mercado hoje oferecem verdadeiros recursos prescritivos.

6.2   O que é *data mining*[29] ?

A tradução direta de data mining já nos ajuda a entender do que se trata. É um processo que visa examinar grandes volumes de dados a fim de encontrar padrões consistentes. Quando são encontrados, esses padrões devem passar por um processo de validação para se tornarem informação utilizável.

É fato que, por conta da quantidade enorme de dados a serem validados, o data mining não pode ser realizado de modo eficaz somente com a ação humana (Kandalkar, 2014). Sendo assim, esse é um dos pontos que tornam a transformação digital essencial para o desenvolvimento das empresas.

Com a utilização de maneira automática de algoritmos de aprendizagem, a mineração de dados é capaz de demonstrar interações e tendências de consumo apresentadas por consumidores de uma empresa, tudo isso em um tempo razoável (Armstrong, 2006).

Assim, esse conceito nada mais é do que uma reunião de técnicas as quais permitem filtrar do Big Data os dados considerados importantes para alcançar um determinado objetivo.

As técnicas utilizadas têm origem no estudo da estatística e de inteligência artificial, com um pouco de gerenciamento de banco de

---

[29] Mineração de dados. Processo que visa examinar grandes **volumes de dados** a fim de encontrar padrões consistentes.

dados. Geralmente, o objetivo do data mining é a classificação de dados ou a previsão de alguma situação com base nos dados processados (Van Aalst et. Al, 2010).

Na classificação, a ideia é classificar os dados em grupos. Por exemplo, um comerciante pode estar interessado nas características dos clientes que consumiram um produto por causa de uma promoção e dos clientes que visitaram a promoção, mas não consumiram o produto. Estes clientes compõem duas classes (Vaishnavi et al., 2004).

Na previsão, a ideia é de prever o comportamento futuro de uma variável. No mesmo exemplo, o comerciante pode estar interessado em prever quais ou quantos clientes irão consumir o produto de uma determinada promoção.

Os algoritmos típicos usados na mineração de dados incluem as árvores de classificação, a regressão logística, as redes neurais e as técnicas de agrupamento com vizinhos K-mais próximos.

6.2.1 Árvores de classificação.

A árvore de classificação é uma técnica de mineração de dados muito popular. É utilizada para classificar uma variável categórica dependente com base nas medições de uma ou mais variáveis preditoras. O resultado é uma árvore com nós e links entre os nós que podem ser lidos para formar regras if-then.

Tomemos como exemplo de uma árvore de classificação o caso de uma empresa de tv a cabo que deseja determinar quais clientes estão propensos a cancelar o serviço.

A empresa tem informação, tais como:

- A quanto tempo o cliente tem a assinatura.

- Se ele tem tido problemas com o serviço.

- Qual é o pacote do plano do cliente.

- Qual a região do país em que ele mora.

- Qual a idade do cliente.

- Se há produtos adicionais vinculados ao pacote do cliente.

- Informações sobre a concorrência.

O software deverá gerar dois grupos de clientes: permanentes e potencial perda.

Os dados são organizados em dois grupos:

- Dados de treinamento.

- Dados de teste.

O algoritmo é executado formando uma árvore baseada em uma série de regras. Por exemplo, se os clientes estão com a empresa por mais de dez anos e eles tem mais de 55 anos de idade, eles estão propensos a permanecer como fiéis clientes.

A análise avançada não requer Big Data. No entanto, ser capaz de aplicar análises avançadas com Big Data pode fornecer alguns resultados importantes.

6.2.2   Regressão logística.

É uma técnica estatística que tem como objetivo produzir, a partir de um conjunto de observações, um modelo que permita a predição de valores tomados por uma variável categórica, frequentemente binária, a partir de uma série de variáveis explicativas contínuas e/ou binárias.

A regressão logística é amplamente usada em ciências médicas e sociais, e tem outras denominações, como modelo logístico, modelo Logit[30], e classificador de máxima entropia.

A regressão logística é utilizada em áreas como as seguintes:

- Em medicina, permite por exemplo determinar os fatores que caracterizam um grupo de indivíduos doentes em relação a indivíduos sãos;

- No domínio dos seguros, permite encontrar fracções da clientela que sejam sensíveis a determinada política securitária em relação a um dado risco particular;

- Em instituições financeiras, pode detectar os grupos de risco para a subscrição de um crédito;

- Em econometria, permite explicar uma variável discreta, como por exemplo as intenções de voto em pleitos eleitorais.

O êxito da regressão logística se justifica sobretudo nas numerosas ferramentas que permitem interpretar de modo aprofundado os resultados obtidos.

6.2.3 Redes neurais

Redes neurais são sistemas de computação com nós interconectados que funcionam como os neurônios do cérebro humano. Usando algoritmos, elas podem reconhecer padrões escondidos e correlações em dados brutos, agrupá-los e classificá-los, e – com o tempo – aprender e melhorar continuamente.

---

[30] O modelo logit fornece um modelo estatístico que resulta na probabilidade de que uma variável de resposta dependente seja 0 ou 1.

Redes neurais artificiais geralmente são apresentadas como sistemas de "neurônios interconectados, que podem computar valores de entradas", simulando o comportamento de redes neurais biológicas.

A primeira rede neural foi concebida por Warren McCulloch e Walter Pitts em 1943 (McCulloch & Pitts, 1943). Eles escreveram um artigo seminal sobre como os neurônios devem funcionar e, então, modelaram suas ideias criando uma rede neural simples com circuitos elétricos.

Esse modelo inovador pavimentou o caminho para pesquisas de redes neurais em duas áreas.

As pesquisas em IA aceleraram rapidamente, mas foi apenas em 1975 que Kunihiko Fukushima propôs a primeira rede neural multicamada de verdade.

O objetivo original da abordagem de rede neural era criar um sistema computacional capaz de resolver problemas como um cérebro humano. No entanto, com o passar do tempo, os pesquisadores mudaram o foco e passaram a usar redes neurais para resolver tarefas específicas, desviando-se de uma abordagem estritamente biológica.

Desde então, as redes neurais têm oferecido suporte às mais diversas tarefas, incluindo visão computacional, reconhecimento de fala, tradução de máquina, filtragem de redes sociais, jogos de tabuleiro ou videogame e diagnósticos médicos.

Conforme o volume de dados estruturados e não-estruturados aumentou a níveis de Big Data, as pessoas desenvolveram sistemas de *deep learning* que são, essencialmente, redes neurais com muitas camadas.

Deep learning permite a captura e a mineração de mais e maiores volumes de dados, incluindo dados não-estruturados.

6.2.4   Técnicas de agrupamento com vizinhos K-mais próximos.

É um método de classificação não paramétrico desenvolvido pela primeira vez por Evelyn Fix e Joseph Hodges em 1951, e posteriormente expandido por Thomas Cover.

É usado para classificação e regressão. Em ambos os casos, a entrada consiste nos k exemplos de treinamento mais próximos no conjunto de dados.

A saída depende se k -NN é usado para classificação ou regressão:

- Na classificação k-NN, a saída é uma associação de classe. Um objeto é classificado por uma pluralidade de votos de seus vizinhos, com o objeto sendo atribuído à classe mais comum entre seus k vizinhos mais próximos (k é um número inteiro positivo, tipicamente pequeno). Se k = 1, então o objeto é simplesmente atribuído à classe daquele único vizinho mais próximo.

- Na regressão k-NN, a saída é o valor da propriedade do objeto. Este valor é a média dos valores dos k vizinhos mais próximos. k - NN é um tipo de classificação onde a função é aproximada apenas localmente e todos os cálculos são adiados até a avaliação da função.

Como esse algoritmo depende da distância para classificação, se os recursos representarem unidades físicas diferentes ou vierem em escalas muito diferentes, a normalização dos dados de treinamento pode melhorar drasticamente sua precisão.

7   Governança de Big Data *Analytics*.

A governança do Big Data está se consolidando como uma parte importante da equação do *Analytics*.

Dentre as questões da análise de negócios, melhorias precisarão ser feitas nas soluções de governança para garantir a veracidade das novas fontes de dados, especialmente devido à mesclagem com dados confiáveis existentes no Data Warehouse.

As soluções de segurança e privacidade de dados também precisam ser aprimoradas para oferecer suporte de gerenciamento e controle armazenados em novas tecnologias.

Quando se trata de Big Data Analytics é necessário ter consciência de que quando o trabalho expandir para além do desktop, os algoritmos utilizados com frequência precisarão ser refeitos, alterando o código interno sem afetar a sua função externa.

A beleza de uma infraestrutura de Big Data é que se pode executar um modelo que demorava horas ou dias em apenas alguns minutos.

A abordagem de executar o analytics perto da fonte de dados reduz a quantidade de dados a serem armazenados sendo filtrados apenas os dados que têm valor. Ela também permite que se analise os dados mais cedo, procurando eventos importantes. Isto é crítico para a tomada de decisões em tempo real.

Além disso, os vendedores estão começando a oferecer uma nova gama de analytics destinados a serem colocados perto das fontes de dados permitindo a análise dos dados sem a necessidade de armazená-los primeiro para só depois realizar a análise.

Essa abordagem de executar análises mais próximas das fontes de dados permite também analisar os dados mais cedo, olhando para os eventos chave, o que é crítico para a tomada decisão em tempo real.

É claro que o analytics vai continuar a evoluir, pois o lado bom desta história é que esta é uma área de pesquisa ativa.

Ao se tratar de Big Data é importante que a plataforma atenda aos seguintes requisitos:

➢ Integrar tecnologias. As necessidades de infraestrutura para integrar novas tecnologias de Big Data com tecnologias tradicionais para que o conjunto seja capaz de processar todos os tipos de dados e volumes e torná-los úteis para o analytics tradicional.

➢ Armazenar grandes quantidades de dados díspares. Um sistema Hadoop pode ser necessário para processar, armazenar e gerenciar grandes quantidades de dados em repouso, independente de eles serem estruturados, semiestruturados ou não-estruturados.

➢ Processar dados em movimento. Um recurso de computação em fluxo pode ser necessário para processar dados em movimento que são gerados continuamente por sensores, dispositivos inteligentes, vídeo, áudio e registros para apoiar a tomada de decisão em tempo real.

➢ Carregar dados de Data Warehouse. É possível que seja necessária uma solução otimizada para processar cargas de trabalho analíticas operacionais e gerenciar as quantidades crescentes de dados confiáveis.

E, com certeza, é necessário se ter a capacidade de integrar os dados que se tem com os resultados da análise de Big Data.

7.1   Exemplos de Big Data analytics que deram certo.

A eficácia do Big Data já pôde ser constatada por muitas empresas. Inclusive, é por causa dos diversos casos de sucesso que essa é uma ferramenta bastante interessante para as empresas que pretendem aumentar a rentabilidade de seu negócio.

Alguns exemplos de sucesso são:

- UPS. A empresa de logística UPS cruzou os dados dos sensores veiculares, dos mapas, da geolocalização e requisitos das encomendas dos clientes com a finalidade de diminuir as distâncias percorridas por ano e, dessa maneira, otimizar o trabalho dos motoristas. A utilização do Big Data gerou a economia de 85 milhões de milhas por ano e um valor expressivo gasto em combustível, além de aumentar a qualidade de vida dos funcionários.

- Nike. A Nike monitora os hábitos e comportamentos esportivos do seu público por meio dos aplicativos e dispositivos vestíveis, conhecidos como *wearables*[31], que são capazes de gerar informações relacionadas com a distância percorrida, velocidades, locais preferidos para treino etc. Com isso, a empresa segue criando produtos cada vez mais alinhados às expectativas de seu público-alvo, fidelizando a clientela e conquistando cada vez mais atletas.

- Maplink. A Maplink é uma empresa especializada na digitalização de mapas que, ao testar um software de rastreamento por satélite que cruzava os dados gerados por mais de 400 mil automóveis em São Paulo, conseguiu realizar um diagnóstico preciso do trânsito

---

[31] Todo e qualquer dispositivo tecnológico que possa ser usado como acessório ou que podemos vestir é um *wearable*.

indicando todos os pontos de lentidão, as razões e as possíveis alternativas para os motoristas.

- Danone. Ao lançar o iogurte grego no mercado, a Danone enfrentou um enorme problema com a validade do produto, que é bastante curta. O uso do Big Data foi importante para entender melhor o comportamento de seus consumidores e passar a realizar a entrega para as redes de varejo com melhor sincronia diminuindo o gasto com produtos vencidos.

7.2   Análise de texto e Big Data.

Como discutido aqui neste livro, a maioria dos dados não é estruturada e incluem informações internas e externas à empresa, tais como documentos, e-mails, tweets, blogs, YouTube vídeos e imagens de satélite.

A quantidade e variedade destes dados cresce rapidamente dia a dia. Cada vez mais, as empresas querem tirar vantagem desta riqueza de dados para compreender as implicações da mudança dos consumidores para o seu negócio hoje e no futuro. Enquanto a análise de imagens e áudios ainda estão em estágio inicial, a análise de textos está evoluindo para se tornar uma tecnologia convencional.

Um exemplo de como uma empresa foi capaz de usar a análise de textos para alavancar a tomada de decisão é o caso de um grande fabricante de automóveis que precisava melhor a qualidade de seus carros que estavam apresentando muitos problemas. Ela descobriu que, ao analisar os consertos feitos nas oficinas dos parceiros de assistência técnica autorizada, poderia identificar problemas de qualidade em seus carros à medida que eles entram no mercado.

A empresa adotou esta análise como um sistema de alerta precoce. Quanto mais cedo ela tem condição de identificar problemas, mais cedo ela pode alterar a linha de produção para ter clientes mais satisfeitos

Antes de usar a análise de texto, a empresa explorou informações de sua rede de oficinas autorizadas, incluindo números de peça e códigos de defeito. Isso funcionou bem o suficiente por muitos anos, mas só para os problemas que a empresa já sabia que existiam.

Entretanto, o sistema não era útil para revelar problemas ocultos pelo processo de atendimento que só eram conhecidos pelas pessoas que interagiam com os clientes. Foram usados os textos das postagens de Facebook, Instagram e Twitter para identificar os posts relativos aos automóveis e aos serviços em questão.

Sem dúvida os dados coletados e analisados foram muito maiores do que se esperava e a maioria foi desprezada.

Neste caso, a análise de texto foi adotada e continua sendo usada em uma ampla variedade de casos de uso de Big Data, desde análise de mídia social até análise de garantia e análise de fraude.

O que diferencia os dados não estruturados dos estruturados é que sua estrutura é imprevisível.

Como mencionado anteriormente, algumas pessoas acreditam que a expressão dados não-estruturadas é enganosa porque cada texto pode conter sua própria estrutura específica ou formatação baseada no software que o criou. Na verdade, é o conteúdo do documento que é realmente não estruturado.

Pense nos tipos de texto que existem e na estrutura que pode estar associado a cada um:

1. Documentos:

   "CLÁUSULA SÉTIMA: As obras e despesas com a conservação, limpeza e asseio do imóvel correrão por conta, risco e ônus do LOCATÁRIO, ficando este obrigado a devolver o imóvel em perfeitas condições de limpeza, asseio, conservação e pintura, quando finda ou rescindida esta avença, sem qualquer responsabilidade pecuniária para o LOCADOR. O LOCATÁRIO não poderá realizar obras de vulto e nem modificar a estrutura do imóvel ora locado, sem prévia autorização por escrito da LOCADORA. Caso este consinta na realização das obras, estas ficarão desde logo, incorporadas ao imóvel, sem que assista ao LOCATÁRIO qualquer indenização pelas obras ou retenção por benfeitorias. As benfeitorias removíveis poderão ser retiradas, desde que não desfigurem o imóvel locado."

2. E-mails:

   "Boa tarde Dr. João,

   venho por este meio candidatar me à vaga de programador, de acordo com o anúncio publicado no site Emprego.com.

   Em anexo segue o meu curriculum vitae, assim como a minha carta de apresentação, explicando os motivos da minha candidatura.

   Qualquer questão, não hesite em contactar-me. Estou disponível para qualquer esclarecimento.

   Os melhores cumprimentos, ..."

3. Arquivos de log:

   222.222.222.222- - [08 / Out / 2012: 11: 11: 54 -0400] "GET / HTTP / 1.1" 200 10801
   "http://www.google.com/search?q=log+analyzer&ie=….. . .

4. Tweets:

#O livro do Prof. Marcão explica tudo de Big Data!

Claramente, alguns desses exemplos têm mais estrutura do que outros. Por exemplo, uma cláusula de um contrato de locação tem alguma estrutura em termos de frases e o modelo que ela pode seguir. Um e-mail pode ter pouca estrutura. Um arquivo de log pode ter sua própria estrutura. Um tweet pode ter abreviações ou caracteres estranhos.

A grande questão é então:

- Como se pode analisar dados que têm estruturas tão diferentes uns dos outros ou que não têm estrutura alguma?

Há numerosos métodos para analisar dados não estruturados. Historicamente, essas técnicas vieram fora de áreas técnicas, tais como o processamento de linguagem natural[32], descoberta de conhecimento, mineração de dados, recuperação de informação e estatística.

A análise de texto é o processo de análise de texto não estruturado para extração de informações relevantes, transformando-os em informações estruturadas que podem, então, ser aproveitadas de várias maneiras.

Os processos de análise e extração tiram proveito de técnicas que se originaram em linguísticas computacionais, estatística e outras disciplinas da ciência da informação.

---

[32] Natural Língua Processing NLP. O Processamento de linguagem natural (PLN) é uma vertente da inteligência artificial que ajuda computadores a entender, interpretar e manipular a linguagem humana. O PLN resulta de diversas disciplinas, incluindo ciência da computação e linguística computacional, que buscam preencher a lacuna entre a comunicação humana e o entendimento dos computadores.

O processo de análise de texto utiliza vários algoritmos, tais como a compreensão da estrutura de sentença, para analisar o texto não estruturado e, em seguida, extrair informações e transformar essa informação em estruturas de dados.

Observe que estamos nos concentrando na extração de texto, não na pesquisa por palavra-chave. A pesquisa consiste em recuperar um documento com base no que os usuários finais já sabem que estão procurando. A análise de texto trata da descoberta de informações.

Embora a análise de texto seja diferente da pesquisa, ela pode aumentar as técnicas de pesquisa. Por exemplo, a análise de texto combinada com a pesquisa pode ser usada para fornecer melhor categorização ou classificação de documentos e para produzir resumos.

É indubitável que, para a maioria das empresas comerciais, otimizar a experiência do cliente e maximizar sua retenção são norteadores poderosos para muitas empresas.

As empresas que se preocupam com seu futuro estão constantemente preocupadas com questões centrais, tais como:

- O que os clientes desejam e não estão encontrando em nosso site?

- Quais são as principais áreas de reclamações dos clientes?

- Quais são as reclamações sobre nossos parceiros?

- Qual é o nível de satisfação dos clientes com serviços específicos?

- Quais são os problemas mais frequentes que levam à rotatividade do cliente?

- Quais os principais segmentos que oferecem maior potencial de venda?

As fontes de Informações que podem contribuir para construir respostas para estas perguntas estão na internet, tais como:

- E-mails enviados pelos clientes para a empresa.

- Nas pesquisas de satisfação.

- Notas atribuídas ao *call center*.

- Documentos internos.

- Comentários no Facebook.

- Postagens no Instagram.

- Comentários no Twitter.

A análise de texto pode ajudar a identificar e resolver as causas da insatisfação do cliente em tempo hábil e pode ajudar a melhorar a imagem da empresa ao resolver problemas antes que eles se tornem uma grande degola de clientes.

Mas há uma questão aqui. Este é mesmo um problema de Big Data? A resposta é depende. Depende principalmente do volume de dados envolvidos no problema e o quão em tempo real a empresa quer analisar os problemas. Se houver um grande volume de dados que são entregues em lote, a empresa pode desejar mesclar estes dados com dados estruturados, conforme já discutimos anteriormente.

7.3   Características da análise de Big Data.

É importante ter clareza de que a análise de Big Data deve ser vista de duas perspectivas:

1. Orientado para a decisão.

   Semelhante à inteligência de negócios tradicional, foca-se nos subconjuntos seletivos e representações de fontes de dados maiores de modo a aplicar os resultados nas tomadas de decisão.

Certamente estas decisões podem resultar em algum tipo de ação ou processo de mudança, mas o propósito da análise é subsidiar a decisão tomada.

2. Orientado para a ação.

Usada para uma resposta rápida, quando um padrão surge ou tipos específicos de dados são detectados e uma ação é necessária.

Os usuários têm a possibilidade de tirar proveito desta excepcional característica do Big Data, por meio da análise com dados atuais, e causar mudanças em suas decisões de negócio.

Encontrar e utilizar Big Data criando aplicativos de análise pode conter a chave para extrair valor mais cedo ou mais tarde. Um problema com relação à criação dos aplicativos é saber se é mais eficaz construir esses aplicativos personalizados do zero ou aproveitar plataformas e ou componentes disponíveis no mercado.

Para contribuir com esta análise examinaremos inicialmente algumas características adicionais da análise de Big Data que a tornam diferente dos tipos tradicionais de análise, além dos três Vs de volume, velocidade e variedade. Estas características estão organizadas na figura a seguir.

Em muitos casos, a análise de Big Data será apresentada para o usuário final como um conjunto de relatórios e visualizações, porque os dados brutos podem ser incompreensíveis para ele.

Será necessário contar com ferramentas e técnicas de apresentação para tornar os dados significativos. Os relatórios gerados pelo DW já são familiares para os usuários, mas com novas ferramentas, os dados que antes eram apresentados nos relatórios estáticos podem fornecer novas ideias ou criar novas oportunidades de análise.

Técnicas de visualização de dados podem ser úteis, mas elas também terão que ser melhoradas ou apoiadas por ferramentas mais sofisticadas para tornar compreensíveis os grandes volumes de dados.

A adoção antecipada de Big Data requer a criação de novos aplicativos projetados para atender aos requisitos de análise e aos prazos.

Característica	Detalhamento
Programável	Com grande volume de dados para analisar é possível se começar com os dados brutos que podem ser tratados por meio de programação ou fazer algum tipo de exploração devido ao tamanho da massa de dados.
Orientado por dados	Em lugar de utilizar hipóteses para analisar os dados é possível utilizar os próprios dados para conduzir a análise.
Variedade de atributos	No passado, tinha-se centenas de atributos ou características nos dados origem. Agora é possível que se tenha que trabalhar com centenas de gigabytes de dados que consistem em milhares de atributos e milhões de observações.
Iterativo	Por meios de computação é possível iterar nos modelos até se obter o caminho desejado.
Rapidez	Com plataformas de infraestrutura como serviço (IaaS), tais como Amazon Cloud Services (ACS), é possível criar rapidamente um *cluster* de máquinas para processar grandes conjuntos de dados e analisá-los rapidamente.

Estas novas aplicações podem ser classificadas em duas classes:

1. Personalizados.

   Codificadas a partir do zero. São criadas para um propósito específico ou para um conjunto relacionado de propósitos.

   Certas áreas de uma empresa sempre exigirão um conjunto personalizado de tecnologias para apoiar atividades exclusivas ou fornecer uma vantagem competitiva.

2. Semipersonalizadas.

   Baseadas em estruturas ou componentes já existentes.

   Mesmo que novos conjuntos de ferramentas continuem disponíveis para ajudar a empresa a gerenciar e analisar Big Data de forma mais eficaz, pode não ser possível obter o que se deseja com o que já está disponível.

8   Conclusão.

Ao longo deste livro, Simplificando o Big Data em 7 Capítulos, exploramos os fundamentos essenciais do Big Data, desmistificando conceitos e apresentando ferramentas práticas para transformar dados em valor estratégico.

Começamos com a definição e os pilares do Big Data, passamos pelas etapas fundamentais para o sucesso de projetos na área e desvendamos o impacto de ferramentas como Hadoop e Big Data Analytics.

Também abordamos os mitos e tendências que moldam o futuro da tecnologia e destacamos a importância da governança de dados para garantir a qualidade e a ética no uso das informações.

Esses conhecimentos são apenas o começo. Este livro oferece uma base sólida para compreender o Big Data, mas a jornada para dominar essa área vai muito além. Para aqueles que desejam aprofundar seus conhecimentos, compreender novas ferramentas e explorar aplicações específicas, a coleção Big Data é um recurso indispensável.

Este livro é apenas um passo inicial em uma jornada transformadora.

Este volume é parte de uma coleção maior, Big Data, que conecta o universo do Big Data ao fascinante mundo da inteligência artificial. Os outros livros da coleção exploram temas cruciais, como aprendizado de máquina, análise preditiva, integração de sistemas inteligentes e o uso de algoritmos avançados para tomada de decisão.

Cada volume foi pensado para oferecer uma visão aprofundada e prática, permitindo que você amplie seus horizontes e compreenda como o Big Data e a IA podem transformar suas operações e estratégias.

Ao adquirir e explorar os outros livros da coleção, disponíveis na Amazon, você terá acesso a um guia abrangente que combina teoria e prática, tecnologia e estratégia, capacitando você a se destacar em um mercado cada vez mais orientado por dados e inteligência artificial.

A jornada do Big Data está apenas começando. Continue explorando e transforme o poder dos dados em sua maior vantagem.

9 Bibliografia.

ACQUISTI, A., BRANDIMARTE, L., & LOEWENSTEIN, G. (2015). Privacy and human behavior in the age of information. Science, 347(6221), 509-514. Disponível em: https://www.heinz.cmu.edu/~acquisti/papers/Acquisti-Science-Privacy-Review.pdf.

ACQUISTI, A., TAYLOR, C., & WAGMAN, L. (2016). The economics of privacy. Journal of Economic Literature, 54(2), 442-92.

AKIDAU, Tyler, CHERNYAK, Slava, LAX, Reuven. (2019). Streaming Systems: The What, Where, When, and How of Large-Scale Data Processing.

ALGORITHMWATCH. (2019) Automating Society 2019. Disponível em: https://algorithmwatch.org/en/automating-society-2019/

ARMSTRONG, M. (2006). Competition in two-sided markets. The RAND Journal of Economics.

ARMSTRONG, M. (2006). Competition in two-sided markets. The RAND Journal of Economics, 37(3), 668-691.

BELKIN, N.J. (1978). Information concepts for information science. Journal of Documentation, v. 34, n. 1, p. 55-85.

BOLLIER, D., & Firestone, C. M. (2010). The promise and peril of Big Data. Washington, DC: Aspen Institute, Communications and Society Program.

BOYD, D; CRAWFORD, K. (2012). Critical Questions for Big Data: Provocations for a Cultural, Technological, and Scholarly Phenomenon. Information, Communication, & Society v.15, n.5, p. 662-679.

BRETON, P. & PROULX S. (1989). L'explosion de la communication. la naissance d'une nouvelle idéologie. Paris: La Découverte.

BUBENKO, J. A., WANGLER, B. (1993). "Objectives Driven Capture of Business Rules and of Information System Requirements". IEEE Systems Man and Cybernetics'93 Conference, Le Touquet, France.

CHEN, H., CHIANG, R. H., & STOREY, V. C. (2012). Business Intelligence and Analytics: From Big Data to Big Impact. MIS Quarterly.

CHENG, Y., Qin, c., & RUSU, F. (2012). Big Data Analytics made easy. SIGMOD '12 Proceedings of the 2012 ACM SIGMOD International Conference on Management of Data New York.

COHEN, Reuven. (2012). Brazil's Booming Business of Big Data – Disponível em: https://www.forbes.com/sites/reuvencohen/2012/12/12/brazil s-booming-business-of-bigdata/?sh=1de7e6bc4682

COMPUTERWORLD. (2016) Dez casos de Big Data que garantiram expressivo retorno sobre investimento. Disponível em: https://computerworld.com.br/plataformas/10-casos-de-big-data-que-garantiram-expressivo-retorno-sobre-investimento/.

DAVENPORT, T. H. (2014). Big Data no trabalho: derrubando mitos e descobrindo oportunidades. Rio de Janeiro: Elsevier.

DAVENPORT, T; PATIL, D. (2012). Data scientist: the sexiest job of the 21st century. Harvard Business Review. Disponível em: https://hbr.org/2012/10/data-scientist-the-sexiest-job-of-the-21st-century.

DAVENPORT, T; PATIL, D. (2012). Data scientist: the sexiest job of the 21st century. Harvard Business Review. Disponível em: https://hbr.org/2012/10/data-scientist-the-sexiest-job-of-the-21st-century.

DIXON, James. 2010. Pentaho, Hadoop, and Data Lakes. Blog, October. Disponível em:

https://jamesdixon.wordpress.com/2010/10/14/pentaho-hadoop-and-data-lakes/

EDWARD Choi, M. T. (2017). RETAIN: An Interpretable Predictive Model for Healthcare using Reverse Time Attention Mechanism. Disponível em https://arxiv.org/pdf/1608.05745.pdf

GLASS, R. ;CALLAHAN, (2015).S. The Big Data-Driven Business: How to Use Big Data to Win Customers, Beat Competitors, and Boost Profit. New Jersey: John Wiley & Sons, Inc.

GÓMEZ-BARROSO, J. L. (2018). Experiments on personal information disclosure: Past and future avenues. Telematics and Informatics, 35(5), 1473-1490.Disponível em: https://doi.org/10.1016/j.tele.2018.03.017

GUALTIERI, M. (2013). Big Data Predictive Analytics Solutions. Massachusetts: Forrester.

HALPER, F. (2013). How To Gain Insight From Text. TDWI Checklist Report.

HALPER, F., & KRISHNAN, K. (2013). TDWI Big Data Maturity Model Guide Interpreting Your Assessment Score. TDWI Benchmark Guide 2013–2014.

HELBING, D. (2014). The World after Big Data: What the Digital Revolution Means for Us. Disponível em: http://papers.ssrn.com/sol3/papers.cfm?abstract_id=2438957.

HELBING, D. (2015a). Big Data Society: Age of Reputation or Age of Discrimination?. In: HELBING, D. Thinking Ahead-Essays on Big Data, Digital Revolution, and Participatory Market Society. Springer International Publishing. p. 103-114.

HELBING, D. (2015b). Thinking Ahead-Essays on Big Data, Digital Revolution, and Participatory Market Society. Springer International Publishing.

HILBERT, M. (2013). Big Data for Development: From Information to Knowledge Societies. Disponível em https://www.researchgate.net/publication/254950835_Big_Dat a_for_Development_From_Information-_to_Knowledge_Societies.

IBM. (2014). Exploiting Big Data in telecommunications to increase revenue, reduce customer churn and operating costs. Fonte: IBM: http://www-01.ibm.com/software/data/bigdata/industry-telco.html.

INMON, W. H. (1992). Building the Data Warehouse. John Wiley & Sons, New Yorkm NY, USA.

INMON, W. H. (1996). Building the Data Warehouse. John Wiley & Sons, New Yorkm NY, USA.2nd edition.

JARVELIN, K. & Vakkari, P. (1993) The evolution of Library and Information Science 1965-1985: a content analysis of journal articles. Information Processing & Management, v.29, n.1, p. 129-144.

KAMIOKA, T; TAPANAINEN, T. (2014). Organizational use of Big Data and competitive advantage - Exploration of Antecedents. Disponível em: https://www.researchgate.net/publication/284551664_Organiz ational_Use_of_Big_Data_and_Competitive_Advantage_-_Exploration_of_Antecedents.

KANDALKAR, N.A; WADHE, A. (2014). Extracting Large Data using Big Data Mining, International Journal of Engineering Trends and Technology. v. 9, n.11, p.576-582.

KIMBALL, R.; ROSS, M. (2013). The Data Warehouse Toolkit: The Definitive Guide to Dimensional Modeling, Third Edition. Wiley 10475 Crosspoint Boulevard Indianapolis, IN 46256: John Wiley & Sons, Inc.

KSHETRI, N. (2014). Big Data' s impact on privacy, security and consumer welfare. Telecommunications Policy, 38 (11), 1134-1145.

LAVALLE, S., LESSER, E., SHOCKLEY, R., HOPKINS, M. S., & KRUSCHWITZ, N. (2010). Big Data, Analytics and the Path From Insights to Value.

LOHR, S. (2012). The Age of Big Data. The New York Times.

MACHADO, Felipe Nery Rodrigues. 2018. Banco de Dados-Projeto e Implementação. [S.l.]: Editora Saraiva.

MANYIKA, J., CHUI, M., BROWN, B., BUGHIN, J., DOBBS, R., ROXBURGH, C., & BYERS, A. H. (2011). Big Data: The next frontier for innovation, competition, and productivity.

OHLHORST, J. F. (2012). Big Data Analytics: Turning Big Data into Big Money. Wiley.

OSWALDO, T., PJOTR, P., MARC, S., & RITSERT, C. J. (2011). Big Data, but are we ready? Disponível em: https://www.nature.com/articles/nrg2857-c1.

PAVLO, A., PAULSON, E., RASIN, A., ABADI, D. J., DEWITT, D. J., MADDEN, S., & STONEBRAKER, M. (2009). A comparison of approaches to large-scale data analysis. SIGMOD, pp. 165–178.

RAJ, P., & DEKA, G. C. (2012). Handbook of Research on Cloud Infrastructures for Big Data Analytics. Information Science: IGI Global.

SUBRAMANIAM, Anushree. 2020. What is Big Data? – A Beginner's Guide to the World of Big Data. Disponível em: edureka.co/blog/what-is-big-data/.

TANKARD, C. (2012). Big Data security, Network Security, Volume 2012, Issue7, July 2012, Pages 5 -8, ISSN 1353-4858.

TM FORUM. (2005). Sla management handbook - volume 2. Technical Report GB9712, TeleManagement Forum.

VAISHNAVI, V. K., & KUECHLER, W. (2004). Design Science Research in Information Systems.

VAN AALST, W. M., VAN HEE, K. M., VAN WERF, J. M., & VERDONK, M. (March de 2010). Auditing 2.0: Using Process Mining to Support Tomorrow's Auditor. Computer (Volume:43, Issue:3.

WANG, Y., KUNG, L., & BYRD, T. A. (2018). Big Data analytics: Understanding its capabilities and potential benefits for healthcare organizations. Technological Forecasting and Social Change, 126, 3-13.

WIDJAYA, Ivan. (2019). What are the costs of big data? Disponível em: http://www.smbceo.com/2019/09/04/what-are-the-costs-of-big-data/

10 Coleção Big Data: Desvendando o Futuro dos Dados em uma Coleção Essencial.

A coleção *Big Data* foi criada para ser um guia indispensável para profissionais, estudantes e entusiastas que desejam navegar com confiança no vasto e fascinante universo dos dados. Em um mundo cada vez mais digital e interconectado, o Big Data não é apenas uma ferramenta, mas uma estratégia fundamental para a transformação de negócios, processos e decisões. Esta coleção se propõe a simplificar conceitos complexos e capacitar seus leitores a transformar dados em insights valiosos.

Cada volume da coleção aborda um componente essencial dessa área, combinando teoria e prática para oferecer uma compreensão ampla e integrada. Você encontrará temas como:

Além de explorar os fundamentos, a coleção também se projeta para o futuro, com discussões sobre tendências emergentes, como a integração de inteligência artificial, análise de texto e a governança em ambientes cada vez mais dinâmicos e globais.

Seja você um gestor buscando maneiras de otimizar processos, um cientista de dados explorando novas técnicas ou um iniciante curioso para entender o impacto dos dados no cotidiano, a coleção *Big Data* é a parceira ideal nessa jornada. Cada livro foi desenvolvido com uma linguagem acessível, mas tecnicamente sólida, permitindo que leitores de todos os níveis avancem em suas compreensões e habilidades.

Prepare-se para dominar o poder dos dados e se destacar em um mercado que não para de evoluir. A coleção *Big Data* está disponível na Amazon e é a chave para desvendar o futuro da inteligência impulsionada por dados.

10.1   Para Quem É a Coleção Big Data.

A coleção *Big Data* foi concebida para atender a um público diverso, que compartilha o objetivo de entender e aplicar o poder dos dados em um mundo cada vez mais orientado por informações. Seja você um profissional experiente ou alguém começando sua jornada na área de tecnologia e dados, esta coleção oferece insights valiosos, exemplos práticos e ferramentas indispensáveis.

1. Profissionais de Tecnologia e Dados.

Cientistas de dados, engenheiros de dados, analistas e desenvolvedores encontrarão na coleção os fundamentos necessários para dominar conceitos como Big Data Analytics, computação distribuída, Hadoop e ferramentas avançadas. Cada volume aborda tópicos técnicos de forma prática, com explicações claras e exemplos que podem ser aplicados no dia a dia.

2. Gestores e Líderes Organizacionais.

Para líderes e gestores, a coleção oferece uma visão estratégica sobre como implementar e gerenciar projetos de Big Data. Os livros mostram como utilizar dados para otimizar processos, identificar oportunidades e tomar decisões embasadas. Exemplos reais ilustram como empresas têm usado o Big Data para transformar seus negócios em setores como varejo, saúde e meio ambiente.

3. Empreendedores e Pequenas Empresas.

Empreendedores e donos de pequenas empresas que desejam alavancar o poder dos dados para melhorar sua competitividade também podem se beneficiar. A coleção apresenta estratégias práticas para usar o Big Data de forma escalável, desmistificando a ideia de que essa tecnologia é exclusiva para grandes corporações.

4. Estudantes e Iniciantes na Área.

Se você é um estudante ou está começando a explorar o universo do Big Data, esta coleção é o ponto de partida perfeito. Com uma linguagem acessível e exemplos práticos, os livros tornam conceitos complexos mais compreensíveis, preparando você para mergulhar mais fundo na ciência de dados e na inteligência artificial.

5. Curiosos e Entusiastas de Tecnologia.

Para aqueles que, mesmo fora do ambiente corporativo ou acadêmico, têm interesse em entender como o Big Data está moldando o mundo, a coleção oferece uma introdução fascinante e educativa. Descubra como os dados estão transformando áreas tão diversas quanto saúde, sustentabilidade e comportamento humano.

Independentemente do seu nível de conhecimento ou do setor em que atua, a coleção *Big Data* foi criada para capacitar seus leitores com informações práticas, tendências emergentes e uma visão abrangente sobre o futuro dos dados. Se você busca compreender e aplicar o poder do Big Data para crescer profissionalmente ou transformar seu negócio, esta coleção é para você. Disponível na Amazon, ela é o guia essencial para dominar o impacto dos dados na era digital.

10.2   Conheça os livros da Coleção.

10.2.1 Simplificando o Big Data em 7 Capítulos.

Este livro é um guia essencial para quem deseja compreender e aplicar os conceitos fundamentais do Big Data de forma clara e prática. Em um formato direto e acessível, o livro aborda desde os pilares teóricos, como os 5 Vs do Big Data, até ferramentas e técnicas modernas, incluindo Hadoop e Big Data Analytics.

Explorando exemplos reais e estratégias aplicáveis em áreas como saúde, varejo e meio ambiente, esta obra é ideal para profissionais de tecnologia, gestores, empreendedores e estudantes que buscam transformar dados em insights valiosos.

Com uma abordagem que conecta teoria e prática, este livro é o ponto de partida perfeito para dominar o universo do Big Data e alavancar suas possibilidades.

10.2.2 Gestão de Big Data.

Este livro oferece uma abordagem prática e abrangente para atender a um público diversificado, desde analistas iniciantes a gestores experientes, estudantes e empreendedores.

Com foco na gestão eficiente de grandes volumes de informações, esta obra apresenta análises profundas, exemplos reais, comparações entre tecnologias como Hadoop e Apache Spark, e estratégias práticas para evitar armadilhas e impulsionar o sucesso.

Cada capítulo é estruturado para fornecer insights aplicáveis, desde os fundamentos até ferramentas avançadas de análise.

10.2.3 Arquitetura de Big Data.

Este livro destina-se a um público diversificado, incluindo arquitetos de dados que precisam construir plataformas robustas, analistas que desejam entender como camadas de dados se integram e executivos que buscam embasamento para decisões informadas. Estudantes e pesquisadores em ciência da computação, engenharia de dados e administração também encontrarão aqui uma referência sólida e atualizada.

O conteúdo combina abordagem prática e rigor conceitual. Você será guiado desde os fundamentos, como os 5 Vs do Big Data, até a complexidade das arquiteturas em camadas, abrangendo infraestrutura, segurança, ferramentas analíticas e padrões de armazenamento como Data Lake e Data Warehouse. Além disso, exemplos claros, estudos de caso reais e comparações tecnológicas ajudarão a transformar conhecimento teórico em aplicações práticas e estratégias eficazes.

10.2.4 Implementação de Big Data.

Este volume foi cuidadosamente elaborado para ser um guia prático e acessível, conectando a teoria à prática para profissionais e estudantes que desejam dominar a implementação estratégica de soluções de Big Data.

Ele aborda desde a análise de qualidade e integração de dados até temas como processamento em tempo real, virtualização, segurança e governança, oferecendo exemplos claros e aplicáveis.

10.2.5 Estratégias para Reduzir Custos e Maximizar Investimentos de Big Data.

Com uma abordagem prática e fundamentada, esta obra oferece análises detalhadas, estudos de caso reais e soluções estratégicas para gestores de TI, analistas de dados, empreendedores e profissionais de negócios.

Este livro é um guia indispensável para entender e otimizar os custos associados à implementação de Big Data, abordando desde armazenamento e processamento até estratégias específicas para pequenas empresas e análise de custos em nuvem.

Como parte da coleção "Big Data", ele se conecta a outros volumes que exploram profundamente as dimensões técnicas e estratégicas do campo, formando uma biblioteca essencial para quem busca dominar os desafios e oportunidades da era digital.

10.2.6 Coleção 700 perguntas de Big Data.

Esta coleção foi projetada para proporcionar um aprendizado dinâmico, desafiador e prático. Com 700 perguntas estrategicamente elaboradas e distribuídas em 5 volumes, ela permite que você avance no domínio do Big Data de forma progressiva e engajante. Cada resposta é uma oportunidade de expandir sua visão e aplicar conceitos de maneira realista e eficaz.

A coleção é composta dos seguintes livros:

1   BIG DATA: 700 Perguntas - Volume 1.

Trata da informação como matéria-prima de tudo, dos conceitos fundamentais e das aplicações de Big Data.

2   BIG DATA: 700 Perguntas - Volume 2.

Aborda o Big Data no contexto da ciência da informação, tendências tecnológicas de dados e analytcs, Augmented analytics, inteligência contínua, computação distribuída e latência.

3   BIG DATA: 700 Perguntas - Volume 3.

Contempla os aspectos tecnológicos e de gestão do Big Data, data mining, árvores de classificação, regressão logística e profissões no contexto do Big Data.

4   BIG DATA: 700 Perguntas - Volume 4.

Trata dos requisitos para gestão de Big Data, as estruturas de dados utilizadas, as camadas da arquitetura e de armazenamento, Business intelligence no contexto do Big Data e virtualização de aplicativos.

5   BIG DATA: 700 Perguntas - Volume 5.

O livro trata de SAAS, IAAS E PAAS, implementação de Big Data, custos gerais e ocultos, Big Data para pequenas empresas, segurança digital e data warehouse no contexto do Big Data.

10.2.7 Glossário de Big Data.

À medida que os dados em larga escala se tornam o coração das decisões estratégicas em diversos setores, este livro oferece uma ponte entre o jargão técnico e a clareza prática, permitindo transformar informações complexas em insights valiosos.

Com definições claras, exemplos práticos e uma organização intuitiva, este glossário foi projetado para atender a uma ampla gama de leitores – desde desenvolvedores e engenheiros de dados até gestores e curiosos que buscam explorar o impacto transformador do Big Data em suas áreas de atuação.

11 Descubra a Coleção "Inteligência Artificial e o Poder dos Dados" – Um Convite para Transformar sua Carreira e Conhecimento.

A Coleção "Inteligência Artificial e o Poder dos Dados" foi criada para quem deseja não apenas entender a Inteligência Artificial (IA), mas também aplicá-la de forma estratégica e prática.

Em uma série de volumes cuidadosamente elaborados, desvendo conceitos complexos de maneira clara e acessível, garantindo ao leitor uma compreensão completa da IA e de seu impacto nas sociedades modernas.

Não importa seu nível de familiaridade com o tema: esta coleção transforma o difícil em didático, o teórico em aplicável e o técnico em algo poderoso para sua carreira.

11.1 Por Que Comprar Esta Coleção?

Estamos vivendo uma revolução tecnológica sem precedentes, onde a IA é a força motriz em áreas como medicina, finanças, educação, governo e entretenimento.

A coleção "Inteligência Artificial e o Poder dos Dados" mergulha profundamente em todos esses setores, com exemplos práticos e reflexões que vão muito além dos conceitos tradicionais.

Você encontrará tanto o conhecimento técnico quanto as implicações éticas e sociais da IA incentivando você a ver essa tecnologia não apenas como uma ferramenta, mas como um verdadeiro agente de transformação.

Cada volume é uma peça fundamental deste quebra-cabeça inovador: do aprendizado de máquina à governança de dados e da ética à aplicação prática.

Com a orientação de um autor experiente, que combina pesquisa acadêmica com anos de atuação prática, esta coleção é mais do que um conjunto de livros – é um guia indispensável para quem quer navegar e se destacar nesse campo em expansão.

11.2   Público-Alvo desta Coleção?

Esta coleção é para todos que desejam ter um papel de destaque na era da IA:

✓ Profissionais da Tecnologia: recebem insights técnicos profundos para expandir suas habilidades.

✓ Estudantes e Curiosos: têm acesso a explicações claras que facilitam o entendimento do complexo universo da IA.

✓ Gestores, líderes empresariais e formuladores de políticas também se beneficiarão da visão estratégica sobre a IA, essencial para a tomada de decisões bem-informadas.

✓ Profissionais em Transição de Carreira: Profissionais em transição de carreira ou interessados em se especializar em IA encontram aqui um material completo para construir sua trajetória de aprendizado.

11.3   Muito Mais do Que Técnica – Uma Transformação Completa.

Esta coleção não é apenas uma série de livros técnicos; é uma ferramenta de crescimento intelectual e profissional.

Com ela, você vai muito além da teoria: cada volume convida a uma reflexão profunda sobre o futuro da humanidade em um mundo onde máquinas e algoritmos estão cada vez mais presentes.

Este é o seu convite para dominar o conhecimento que vai definir o futuro e se tornar parte da transformação que a Inteligência Artificial traz ao mundo.

Seja um líder em seu setor, domine as habilidades que o mercado exige e prepare-se para o futuro com a coleção "Inteligência Artificial e o Poder dos Dados".

Esta não é apenas uma compra; é um investimento decisivo na sua jornada de aprendizado e desenvolvimento profissional.

12 Os Livros da Coleção.

12.1 Dados, Informação e Conhecimento na era da Inteligência Artificial.

Este livro explora de forma essencial as bases teóricas e práticas da Inteligência Artificial, desde a coleta de dados até sua transformação em inteligência. Ele foca, principalmente, no aprendizado de máquina, no treinamento de IA e nas redes neurais.

12.2 Dos Dados em Ouro: Como Transformar Informação em Sabedoria na Era da IA.

Este livro oferece uma análise crítica sobre a evolução da Inteligência Artificial, desde os dados brutos até a criação de sabedoria artificial, integrando redes neurais, aprendizado profundo e modelagem de conhecimento.

Apresenta exemplos práticos em saúde, finanças e educação, e aborda desafios éticos e técnicos.

12.3 Desafios e Limitações dos Dados na IA.

O livro oferece uma análise profunda sobre o papel dos dados no desenvolvimento da IA explorando temas como qualidade, viés, privacidade, segurança e escalabilidade com estudos de caso práticos em saúde, finanças e segurança pública.

12.4 Dados Históricos em Bases de Dados para IA: Estruturas, Preservação e Expurgo.

Este livro investiga como a gestão de dados históricos é essencial para o sucesso de projetos de IA. Aborda a relevância das normas ISO para garantir qualidade e segurança, além de analisar tendências e inovações no tratamento de dados.

12.5 Vocabulário Controlado para Dicionário de Dados: Um Guia Completo.

Este guia completo explora as vantagens e desafios da implementação de vocabulários controlados no contexto da IA e da ciência da informação. Com uma abordagem detalhada, aborda desde a nomeação de elementos de dados até as interações entre semântica e cognição.

12.6 Curadoria e Administração de Dados para a Era da IA.

Esta obra apresenta estratégias avançadas para transformar dados brutos em insights valiosos, com foco na curadoria meticulosa e administração eficiente dos dados. Além de soluções técnicas, aborda questões éticas e legais, capacitando o leitor a enfrentar os desafios complexos da informação.

12.7 Arquitetura de Informação.

A obra aborda a gestão de dados na era digital, combinando teoria e prática para criar sistemas de IA eficientes e escaláveis, com insights sobre modelagem e desafios éticos e legais.

12.8 Fundamentos: O Essencial para Dominar a Inteligência Artificial.

Uma obra essencial para quem deseja dominar os conceitos-chave da IA, com uma abordagem acessível e exemplos práticos. O livro explora inovações como Machine Learning e Processamento de Linguagem

Natural, além dos desafios éticos e legais e oferece uma visão clara do impacto da IA em diversos setores.

12.9   LLMS - Modelos de Linguagem de Grande Escala.

Este guia essencial ajuda a compreender a revolução dos Modelos de Linguagem de Grande Escala (LLMs) na IA.

O livro explora a evolução dos GPTs e as últimas inovações em interação humano-computador, oferecendo insights práticos sobre seu impacto em setores como saúde, educação e finanças.

12.10   Machine Learning: Fundamentos e Avanços.

Este livro oferece uma visão abrangente sobre algoritmos supervisionados e não supervisionados, redes neurais profundas e aprendizado federado. Além de abordar questões de ética e explicabilidade dos modelos.

12.11   Por Dentro das Mentes Sintéticas.

Este livro revela como essas 'mentes sintéticas' estão redefinindo a criatividade, o trabalho e as interações humanas. Esta obra apresenta uma análise detalhada dos desafios e oportunidades proporcionados por essas tecnologias, explorando seu impacto profundo na sociedade.

12.12   A Questão dos Direitos Autorais.

Este livro convida o leitor a explorar o futuro da criatividade em um mundo onde a colaboração entre humanos e máquinas é uma realidade, abordando questões sobre autoria, originalidade e propriedade intelectual na era das IAs generativas.

12.13   1121 Perguntas e Respostas: Do Básico ao Complexo– Parte 1 A 4.

Organizadas em quatro volumes, estas perguntas servem como guias práticos essenciais para dominar os principais conceitos da IA.

A Parte 1 aborda informação, dados, geoprocessamento, a evolução da inteligência artificial, seus marcos históricos e conceitos básicos.

A Parte 2 aprofunda-se em conceitos complexos como aprendizado de máquina, processamento de linguagem natural, visão computacional, robótica e algoritmos de decisão.

A Parte 3 aborda questões como privacidade de dados, automação do trabalho e o impacto de modelos de linguagem de grande escala (LLMs).

Parte 4 explora o papel central dos dados na era da inteligência artificial, aprofundando os fundamentos da IA e suas aplicações em áreas como saúde mental, governo e combate à corrupção.

12.14 O Glossário Definitivo da Inteligência Artificial.

Este glossário apresenta mais de mil conceitos de inteligência artificial explicados de forma clara, abordando temas como Machine Learning, Processamento de Linguagem Natural, Visão Computacional e Ética em IA.

- A parte 1 contempla conceitos iniciados pelas letras de A a D.
- A parte 2 contempla conceitos iniciados pelas letras de E a M.
- A parte 3 contempla conceitos iniciados pelas letras de N a Z.

12.15 Engenharia de Prompt - Volumes 1 a 6.

Esta coleção abrange todos os fundamentos da engenharia de prompt, proporcionando uma base completa para o desenvolvimento profissional.

Com uma rica variedade de prompts para áreas como liderança, marketing digital e tecnologia da informação, oferece exemplos práticos para melhorar a clareza, a tomada de decisões e obter insights valiosos.

Os volumes abordam os seguintes assuntos:

- Volume 1: Fundamentos. Conceitos Estruturadores e História da Engenharia de Prompt.
- Volume 2: Segurança e Privacidade em IA.
- Volume 3: Modelos de Linguagem, Tokenização e Métodos de Treinamento.
- Volume 4: Como Fazer Perguntas Corretas.
- Volume 5: Estudos de Casos e Erros.
- Volume 6: Os Melhores Prompts.

12.16 Guia para ser um Engenheiro De Prompt – Volumes 1 e 2.

A coleção explora os fundamentos avançados e as habilidades necessárias para ser um engenheiro de prompt bem-sucedido, destacando os benefícios, riscos e o papel crítico que essa função desempenha no desenvolvimento da inteligência artificial.

O Volume 1 aborda a elaboração de prompts eficazes, enquanto o Volume 2 é um guia para compreender e aplicar os fundamentos da Engenharia de Prompt.

12.17 Governança de Dados com IA – Volumes 1 a 3.

Descubra como implementar uma governança de dados eficaz com esta coleção abrangente. Oferecendo orientações práticas, esta coleção abrange desde a arquitetura e organização de dados até a proteção e garantia de qualidade, proporcionando uma visão completa para transformar dados em ativos estratégicos.

O volume 1 aborda as práticas e regulações. O volume 2 explora em profundidade os processos, técnicas e melhores práticas para realizar auditorias eficazes em modelos de dados. O volume 3 é seu guia definitivo para implantação da governança de dados com IA.

12.18 Governança de Algoritmos.

Este livro analisa o impacto dos algoritmos na sociedade, explorando seus fundamentos e abordando questões éticas e regulatórias. Aborda transparência, accountability e vieses, com soluções práticas para auditar e monitorar algoritmos em setores como finanças, saúde e educação.

12.19 De Profissional de Ti para Expert em IA: O Guia Definitivo para uma Transição de Carreira Bem-Sucedida.

Para profissionais de Tecnologia da Informação, a transição para a IA representa uma oportunidade única de aprimorar habilidades e contribuir para o desenvolvimento de soluções inovadoras que moldam o futuro.

Neste livro, investigamos os motivos para fazer essa transição, as habilidades essenciais, a melhor trilha de aprendizado e as perspectivas para o futuro do mercado de trabalho em TI.

12.20 Liderança Inteligente com IA: Transforme sua Equipe e Impulsione Resultados.

Este livro revela como a inteligência artificial pode revolucionar a gestão de equipes e maximizar o desempenho organizacional.

Combinando técnicas de liderança tradicionais com insights proporcionados pela IA, como a liderança baseada em análise preditiva, você aprenderá a otimizar processos, tomar decisões mais estratégicas e criar equipes mais eficientes e engajadas.

12.21 Impactos e Transformações: Coleção Completa.

Esta coleção oferece uma análise abrangente e multifacetada das transformações provocadas pela Inteligência Artificial na sociedade contemporânea.

- Volume 1: Desafios e Soluções na Detecção de Textos Gerados por Inteligência Artificial.

- Volume 2: A Era das Bolhas de Filtro. Inteligência Artificial e a Ilusão de Liberdade.
- Volume 3: Criação de Conteúdo com IA - Como Fazer?
- Volume 4: A Singularidade Está Mais Próxima do que Você Imagina.
- Volume 5: Burrice Humana versus Inteligência Artificial.
- Volume 6: A Era da Burrice! Um Culto à Estupidez?
- Volume 7: Autonomia em Movimento: A Revolução dos Veículos Inteligentes.
- Volume 8: Poiesis e Criatividade com IA.
- Volume 9: Dupla perfeita: IA + automação.
- Volume 10: Quem detém o poder dos dados?

12.22 Big Data com IA: Coleção Completa.

A coleção aborda desde os fundamentos tecnológicos e a arquitetura de Big Data até a administração e o glossário de termos técnicos essenciais.

A coleção também discute o futuro da relação da humanidade com o enorme volume de dados gerados nas bases de dados de treinamento em estruturação de Big Data.

- Volume 1: Fundamentos.
- Volume 2: Arquitetura.
- Volume 3: Implementação.
- Volume 4: Administração.
- Volume 5: Temas Essenciais e Definições.
- Volume 6: Data Warehouse, Big Data e IA.

13 Sobre o Autor.

Sou Marcus Pinto, mais conhecido como Prof. Marcão, especialista em tecnologia da informação, arquitetura da informação e inteligência artificial.

Com mais de quatro décadas de atuação e pesquisa dedicadas, construí uma trajetória sólida e reconhecida, sempre focada em tornar o conhecimento técnico acessível e aplicável a todos os que buscam entender e se destacar nesse campo transformador.

Minha experiência abrange consultoria estratégica, educação e autoria, além de uma atuação extensa como analista de arquitetura de informação.

Essa vivência me capacita a oferecer soluções inovadoras e adaptadas às necessidades em constante evolução do mercado tecnológico, antecipando tendências e criando pontes entre o saber técnico e o impacto prático.

Ao longo dos anos, desenvolvi uma expertise abrangente e aprofundada em dados, inteligência artificial e governança da informação – áreas que se tornaram essenciais para a construção de sistemas robustos e seguros, capazes de lidar com o vasto volume de dados que molda o mundo atual.

Minha coleção de livros, disponível na Amazon, reflete essa expertise, abordando temas como Governança de Dados, Big Data e Inteligência Artificial com um enfoque claro em aplicações práticas e visão estratégica.

Autor de mais de 150 livros, investigo o impacto da inteligência artificial em múltiplas esferas, explorando desde suas bases técnicas até as questões éticas que se tornam cada vez mais urgentes com a adoção dessa tecnologia em larga escala.

Em minhas palestras e mentorias, compartilho não apenas o valor da IA, mas também os desafios e responsabilidades que acompanham sua implementação – elementos que considero essenciais para uma adoção ética e consciente.

Acredito que a evolução tecnológica é um caminho inevitável. Meus livros são uma proposta de guia nesse trajeto, oferecendo insights profundos e acessíveis para quem deseja não apenas entender, mas dominar as tecnologias do futuro.

Com um olhar focado na educação e no desenvolvimento humano, convido você a se unir a mim nessa jornada transformadora, explorando as possibilidades e desafios que essa era digital nos reserva.

14 Como Contatar o Prof. Marcão.

14.1   Para palestras, treinamento e mentoria empresarial.

marcao.tecno@gmail.com

14.2   Prof. Marcão, no Linkedin.

https://bit.ly/linkedin_profmarcao